ビーズ刺繍で作る

動物と植物のモチーフ帖

animal & plant motifs

吉丸 睦

日本文芸社

はじめに

本書を手に取っていただき、ありがとうございます。

この本は、ビーズ刺繍を楽しむ読者の皆さまから愛されるような、
ストレートでわかりやすいモチーフを基本に作りました。

ビーズ刺繍には、定義も正解も、何もないと思っています。
この本をビーズ刺繍の入門編として、
作り手の皆さんの気持ちの向くまま、頭の中で足し算引き算を繰り返し、
ここから皆さまがオリジナル作品を制作する
足がかりとなれば嬉しいです。

吉丸 睦

Contents

はじめに ・・・・・・・・・・・・・・・・・ P.2	アジフライ ・・・・・・・・・・・・・・・・・ P.16
	フタバスズキリュウ ・・・・・・・・・・・・ P.17
オオマシコ ・・・・・・・・・・・・・・・・・ P.6	ステゴサウルス ・・・・・・・・・・・・・・ P.17
ライチョウ ・・・・・・・・・・・・・・・・・ P.6	カレイ ・・・・・・・・・・・・・・・・・・・・ P.18
モモイロペリカン ・・・・・・・・・・・・・ P.7	メカジキ ・・・・・・・・・・・・・・・・・・ P.19
コガラ ・・・・・・・・・・・・・・・・・・・・ P.8	りんごゴリラ ・・・・・・・・・・・・・・・ P.20
カワセミ食事中 ・・・・・・・・・・・・・・ P.8	らっかせいイヌ ・・・・・・・・・・・・・ P.20
エリマキトカゲ ・・・・・・・・・・・・・ P.10	ヌートリアあずき ・・・・・・・・・・・・ P.21
ウーパールーパー ・・・・・・・・・・・・ P.11	キンシコウうどん ・・・・・・・・・・・・ P.21
タンチョウ ・・・・・・・・・・・・・・・・ P.12	パンダ ・・・・・・・・・・・・・・・・・・・ P.22
デメキン ・・・・・・・・・・・・・・・・・・ P.12	ハンティングしろくま ・・・・・・・・・・ P.23
ワニ ・・・・・・・・・・・・・・・・・・・・・ P.13	木彫り熊 ・・・・・・・・・・・・・・・・・ P.23
サウナ後ロブスター ・・・・・・・・・・ P.15	クローバーハト ・・・・・・・・・・・・・ P.24
アジ ・・・・・・・・・・・・・・・・・・・・・ P.16	ねことクローバー ・・・・・・・・・・・ P.25
アジ刺身 ・・・・・・・・・・・・・・・・・ P.16	オオモンシロチョウ ・・・・・・・・・・ P.26

オオムラサキ	P.27	ビーズとスパングル	P.36
ミニチョウチョ	P.28	道具	P.37
パンジー	P.29	その他の道具	P.38
モップ犬	P.30	ビーズの刺し方	P.39
ハリネズミ	P.31	スパングルの刺し方	P.40
ヤマアラシ	P.31	ワイヤーの使い方	P.41
ブロッコリー	P.32	「ミニチョウチョ」を作ってみましょう	P.42
白菜	P.32	「ワニ」を作ってみましょう	P.46
赤タマネギ	P.32	How to make	P.50
赤唐辛子	P.34		
無花果	P.34		
ゴーヤ	P.34		
かぼちゃ断面図	P.35		
輪切りオクラ	P.35		
ざくろ	P.35		

近日発売

ビーズ刺繍で作る
動物と植物のモチーフ帖ブローチキット
（全5種）

発売日：2018年11月
販売元：トーホー株式会社より

1 オオマシコ > P.50

頭と体の紅色が
チャームポイントの野鳥

2 ライチョウ > P.51

白黒赤が混じる夏の羽色。
羽の色を変えれば秋冬カラーに

3　モモイロペリカン　> P.52

美しいシルエット。
繁殖期は毛色が桃色になります。
ひげととさか部分は毛糸で表現

4 コガラ > P.53

シジュウカラの仲間。
ベレー帽をかぶっているように
見える野鳥

5 カワセミ食事中 > P.54

コバルトブルーの背中が美しい。
お食事中失礼いたします

6　エリマキトカゲ > P.55

「あのひとは今」シリーズ。
懐かしくてほのぼのする風体は
存在感があります

7   ウーパールーパー > P.56

「あのひとは今」シリーズ。
今は観賞用の他に、食用としても活躍中だとか。
白いビーズで作ってもかわいい

8 タンチョウ > P.57

リーゼント風の風体でありながら
何にでも合わせやすい優秀モチーフ

9 デメキン > P.58

黒の中に光る個性。
ビーズやスパングルの向きで
動きを表現

10 ワニ > P.46・59

ワニ園でたくさんのワニが
一斉に動くのを見たとき、
哀愁を感じ、とても好きになりました

11 サウナ後ロブスター　> P.60

サウナ後＝蒸された後。
色を替えてサウナ前のロブスターもぜひ

12 アジ > P.61

釣りたてのアジ。
色の微妙な違いをビーズや糸で表現

13 アジ刺身 > P.62

新鮮さを出すためにあえて
ギラギラにしています

14 アジフライ > P.63

ビーズの向きを変えて刺すことで
サクサクな衣感が UP

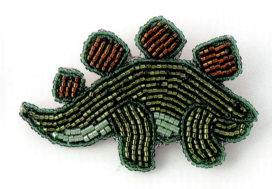

15　フタバスズキリュウ > P.64

あの国民的アニメに登場するキャラクターの
モデルとされている首長竜

16　ステゴサウルス > P.65

THE 恐竜のフォルムでおなじみ。
子どもが喜ぶモチーフのひとつ

17 カレイ > P.66

「釣り」シリーズ。
向きを変えてヒラメとしても使えます

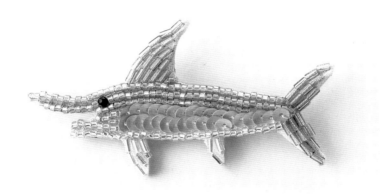

18 メカジキ > P.67

「釣り」シリーズ。
口先（吻）を長くしてもかわいい

19 りんごゴリラ > P.68

[動物×食べ物]シリーズ。
りんごの赤がゴリラの黒に映えて
よりかわいい

20 らっかせいイヌ > P.69

[動物×食べ物]シリーズ。
ビションフリーゼの毛むくじゃら感を
パールビーズで表現

21 ヌートリアあずき > P.70

「動物×食べ物」シリーズ。
顔の赤いところは唇ではなく、実は歯

22 キンシコウうどん > P.71

「動物×食べ物」シリーズ。
西遊記のモデルとされている動物

パンダ > P.72

23
第一形態

パッと見何か分からない
生まれたて

24
第二形態

なんとなく色が分かれて
きたが、まだ分からない

25
第三形態

何をしていてもかわいい。
セルフプロデュースを心
得る時期

26
第四形態

どっしり構えたお母さん。
もう何も怖くない無双状態

27 ハンティングしろくま > P.74
生身の熊と魚がかわいい

28 木彫り熊 > P.75
ビーズの方向で木目感を表現

29
クローバーハト > P.76

ラッキーアイテムの2乗モチーフ。
お祝いのプレゼントにも

30

31

32

ねことクローバー > P.77

ねことクローバーの最強モチーフが共演。
柄を愛猫に変えて制作してみても

33 オオモンシロチョウ > P.79

「モンシロチョウ」ではなく「オオモンシロチョウ」。
その名の通り少しだけ大きい

34 オオムラサキ >P.80

全体の中で実は一番難しい作品。
左右対称に柄を合わせるのがポイント

35

36

37

ミニチョウチョ > P.42・81

定番のチョウチョ。
色をアレンジして個性を出してみて

パンジー > P.82

複数のビーズを混ぜて刺すことによって
花びらにグラデーションがかかります

38

39

40

41 モップ犬 > P.84
モップじゃないよ、犬だよ

42 ハリネズミ > P.85

背中の針の向きがポイント。
意外と簡単に作れるのもうれしい

43 ヤマアラシ > P.86

背中の針の長さで変化をつけると
よりリアル

44 ブロッコリー > P.87

難しそうに見えて
コツをつかめば意外と簡単

45 白菜 > P.88

パールビーズを
使うことにより
作品に立体感が出ます

46 赤タマネギ > P.89

根を刺繍糸で表現。
異素材でひと味違った
雰囲気になります

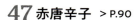

47 赤唐辛子 > P.90

4種の微妙に違う赤いビーズが
作品に奥行きを出してくれます

48 無花果 > P.91

不老不死の果物と言われている。
見た目に反するかわいい色合い

49 ゴーヤ > P.92

形が個性的なので、一つで付けても
ほかの野菜と組み合わせても

50 かぼちゃ断面図 > P.93

種の向きをバラバラにすることで
かぼちゃに見えます

51 輪切りオクラ > P.94

本作の中で一番制作しやすい作品。
二つ制作して耳元に付けてみても

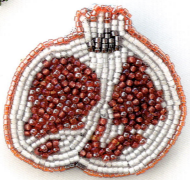

52 ざくろ > P.95

形も色もパンチが効いている作品。
種のつぶつぶがポイント

Beads & Spangles
ビーズとスパングル

本書で使用している主な材料について紹介します

※材料はすべてトーホー株式会社のものを使用しています

❶ トレジャービーズ
シリンダー型（円筒をカットした形）のグラスビーズ。穴が大きいので糸が通しやすいのが特徴。本書の作品では一番多く使用しています。

❷ 丸大ビーズ
丸みを帯びたビーズで、大きさは約3.0mm程度。大きい動物の鼻などに使用しています。

❸ 丸小ビーズ
丸大ビーズと同じく丸みを帯びたビーズで、大きさは約2.0〜2.2mm程度。小さい動物の鼻などに使用しています。

❹ Aikoビーズ
一粒ごとの形状が整っている、高品質なシリンダー型のグラスビーズ。

❺ 特小ビーズ
丸大ビーズと同じく丸みを帯びたビーズで、大きさは約1.5mm程度。細かい表現をする部分に使用します。

❻ 竹ビーズ 一分竹
竹のように細長い形状のビーズで、長さによって名称が変わります。長さは約3mm程度。

❼ 竹ビーズ 二分竹
一分竹ビーズと同じく細長い形状のビーズで、長さは約6mm程度。

❽ 竹ビーズ 三分竹
一分竹ビーズと同じく細長い形状のビーズで、長さは約9mm程度。

❾ パールビーズ
パールのような形状で、さまざまな表現に使える万能で定番の形のビーズです。

❿ カラーパールビーズ
パールビーズと同じ形状で、白や黒以外のさまざまなカラーで表現することができます。

⓫ ウォッシャブルスパングル 平丸型
平たい丸型のスパングルです。透明感やメタリック感など、さまざまな表現をすることができます。

⓬ ウォッシャブルスパングル 亀甲型
亀の甲のような形のスパングルです。立体感があるので、作品によっては表や裏などを使って質感を表現します。

Tool
道具
本書で使用している主な道具について紹介します

❶ 刺繍針（TOHO 6-13-1）
ビーズを刺す針。刺しやすい太さのビーズ針を使用しましょう。糸通しもあると便利です。

❷ 布（接着芯）
ビーズを刺繍する布。厚手の接着芯など、ある程度ハリのあるものを使用しましょう。

❸ 刺繍枠
刺繍をする際に布をぴんと張り固定するもの。今回は多くの作品で8cmを使用しています。

❹ 糸
刺繍をするときに使用する糸。本書では手縫い用のポリエステル100%を使用しています。

❺ ビーズ用トレー
使用するビーズをのせるお皿。

❻ 接着剤
ハードフェルトやスエードを貼り合わせる際に使用します。工作用、家庭用、事務用などの軟質合成樹脂製のものを使用しましょう。本書ではカネスチックボンド（菱洋）を使用しています。

❼ ハードフェルト
樹脂加工したハリのある硬いフェルト。ビーズを刺し終えた布の裏に貼り、補強します。

❽ スエード
豚革のスエード。ハードフェルトを貼った布に貼り、仕上げ用の金具などを取り付けます。

❾ はさみ
糸やハードフェルト、スエードをカットします。細かいところも切れるように、切れ味が良く、先が細いものがおすすめです。

❿ カッティングボード
スエードに切り込みを入れるときなど、下に敷いてからカッターを使用します。

⓫ ニッパー
ワイヤーを切るときに使用します。

⓬ 平ヤットコ／丸ヤットコ
ワイヤーを曲げるときに使用します。

⓭ カッター
切り込みを入れるときに使用します。

⓮ 鉛筆
図案を布に写すときに使用します。

⓯ 定規
カッターを使うときに一緒に使用します。

Others
その他の道具
本書で使用しているその他の道具について紹介します

❶ 毛糸・ヤーン
「モモイロペリンカン（P.7）」の毛で使用します。100円ショップなどでも購入できます。今回は「オフホワイト」を使用しています。

❷ 麻紐
「サウナ後ロブスター（P.15）」で使用します。太さ1.8mmのものを使用し、たこ糸などでも代用できます。

❸ カラーワイヤー
「オオモンシロチョウ（P.26）」「オオムラサキ（P.27）」で、太さ0.35mmのもの使用します。

❹ 刺繍糸 オリムパス721
「赤たまねぎ（P.32）」で使用します。

❺ ピンバッジ金具
ピンバッジ用の金具。バタフライ型クラッチと丸皿付きピンのセットです。サイズの小さい動物や植物などに使用します。

❻ ブローチピン
ブローチ用の金具。回転式の留め金が付いた回転ピンがおすすめです。作品の大きさに合わせてサイズを選びましょう。

❼ ピアス金具
ピアス用の金具。丸皿タイプが使いやすく、おすすめです。

❽ イヤリング金具
イヤリング用の金具。丸皿タイプが使いやすく、おすすめです。

Basis ①
ビーズの刺し方

ビーズ刺繍の基本の技術として、まずはじめにビーズの刺し方を学びましょう。ちょっとしたコツやポイントなどを押さえながら、しっかりとビーズを刺していきます。

動画でチェック！

◇糸の取り方◇
・1本取り……糸を玉結びせず、糸1本で刺す方法
・2本取り……糸を二重にして玉結びをし、糸2本で刺す方法

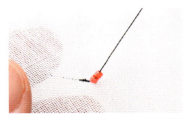

1 糸は1本取りで刺します。布の裏面で、刺し始めの糸の処理(P.42参照)をしたあと、始点から針を表に出し、ビーズを2個通します。

2 ビーズを親指でしっかりと詰めます。隙間があるとばらばらとした印象になってしまうので注意しましょう。

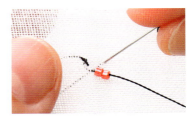

3 進行方向に沿って針を刺します。このとき、ビーズがくる位置より少し先（布目1〜2目分程度）から裏に向かって針を入れます。

4 表から裏に針を入れた部分から、少し手前に戻るようにビーズのすぐ端から針を表に出します。

5 針を引き、ビーズが2個通りました。同じようにビーズを2個ずつ通して刺し進めます。

6 1列刺し終えたら針をビーズのすぐ端から表に出し、刺したビーズを一度にまとめて通して列を整えます。糸を1本取りで刺すときは、必ず行います。

Basis ②
スパングルの刺し方

基本のビーズの刺し方を学んだら、スパングルにチャレンジしてみましょう。
スパングルをプラスすることで、さまざまな質感を演出できるようになります。
ここでは、スパングルのくぼみが下になるように刺していきます。

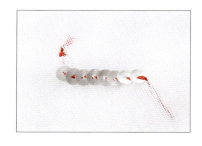

1 糸は2本取りで二重にして玉結びをし、布の裏面で刺し始めの糸の処理（P.46参照）をしたあと、始点から針を表に出し、スパングルを1個通します。

2 スパングルを親指で押さえながら、スパングルのすぐ端から裏に向かって針を刺します。

3 針を刺した部分から少し（布目1〜2目程度）戻る位置から針を表に出します。これで1個めが通し終わりました。

4 スパングルの2個めを刺します。このとき、2個めのスパングルで一つ前のスパングルが半分程度隠れていればOKです。

5 1個目のスパングルと同様に刺し進めます。

6 1列が完成しました。

Basis ③
ワイヤーの使い方

「オオモンシロチョウ（P.26）」「オオムラサキ（P.27）」の触覚などで使う、ワイヤーの使い方を紹介します。ビーズやスパングル以外の道具を使うことで、表現の幅が広がります。

1 ワイヤーをニッパーを使って指定の長さにカットし、半分に折ります。

2 半分に折ったワイヤーの先端に、指定のビーズを1個通します。

3 通したビーズを平ヤットコで固定しながら、ビーズの手前のワイヤー2本を交差させ、丸ヤットコで2回ねじって固定します。

4 ワイヤー2本をまとめ、指定のビーズを通していきます。

5 ビーズをすべて通し終えました。

6 ビーズが外れないように、残ったワイヤーを左右に開いてビーズを固定し、完成です。

Basis ④
「ミニチョウチョ」を作ってみましょう

まずは初心者の方でも作りやすい「ミニチョウチョ」を作ってみましょう。ビーズ刺繡をすべて刺し終えたあとは、裏の処理をしてからピンブローチやイヤリングなどの金具を付けて完成させます。

◇作品掲載：P.28
◇ How to make：P.81

動画でチェック！

1　図案の上に布をのせ、図案を写します。

2　図案を写した布に刺繡枠をはめます。このとき、布が弛まないように注意しましょう。

裏側

3　糸は1本取りで、玉結びはせず布の裏側で刺し始めます。最初のビーズの刺し始めから少し離れたところでひと針すくい、2〜3cm程度糸端を残して、別の角度でさらにひと針すくいます。

裏側

4　3と同じ要領で2〜3回行い糸を引くと、糸が抜けなくなります。これで刺し始めの糸処理ができました。

5　ビーズを刺し始めます。布を表にし、ミニチョウチョの体の端部分から針を出します。

6　指定のビーズを2個ずつ刺していきます。

7 体部分のビーズをすべて刺し終わりました。

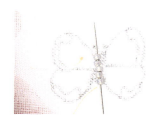

8 最後に刺したビーズのすぐ端から針を表に出し、すべてのビーズに一度に針を通してビーズを整えます。

9 羽を刺します。図案に沿って、ミニチョウチョの輪郭を指定のビーズで2個ずつ刺していきます。

10 羽の外側ではビーズを替えます。ビーズの色を替えるときも続けて刺します。

11 しっかりとビーズを詰めながら、隙間がないように刺していくのがポイントです。

12 ひとまとまりを刺し終えたら、一度に針を通してビーズを整えます。カーブ部分などでは、数回に分けて行います。これを繰り返します。

13 ミニチョウチョの輪郭が刺し終わりました。

14 羽の内側を刺していきます。輪郭に沿い、上から順に内側から外に向かって指定のビーズを斜めに刺します。各羽4列ずつ刺し内側を埋めます。

15 続いて目を刺します。指定のビーズを1個刺し、補強のためにもう一度針を通します。これを、両目行います。

43

動画でチェック！

16 ビーズがすべて刺し終わりました。

裏側

17 刺し終わりの糸の処理をします。布の裏側で刺し始めと同様にひと針すくい、さらに別の角度でもひと針すくいます。

裏側

18 17と同じ要領で2〜3度行い糸を引き、しっかりと外れなくなったら糸を切ります。

19 布を刺繍枠から外し、モチーフより1cm程度外側の部分でカットします。

20 ハードフェルトをミニチョウチョの大きさにカットします。

21 角度のある部分には、布に切り込みを入れます。

22 接着剤を適量取り、モチーフの裏側に塗ります。

23 布の裏側にハードフェルトを貼り付けます。しっかりと指で押さえて接着しましょう。

24 モチーフを切らないように気をつけながら、ハードフェルトをカットします。このとき、モチーフよりハードフェルトが少し小さくなるようにします。

25 布に接着剤を塗り、ハードフェルトを包み込むように接着します。

26 ハードフェルトが接着できました。

27 スエードをモチーフの大きさにカットします。

28 イヤリング金具を取り付けます。イヤリング金具の皿の内側部分に接着剤を塗ります。

29 切り取ったスエードを貼り付けます。このとき、イヤリング金具がしっかりと中央にくるよう注意しましょう。

30 モチーフの裏側に接着剤を塗ります。

31 イヤリング金具の付いたスエードを貼り付けます。しっかりと接着するように、指で押さえます。

32 ミニチョウチョのイヤリングが完成しました。

◇ピアスの作り方

スエードの中央に針で穴を開け、ピアス金具をその穴から通します。ピアス金具の皿に接着剤を塗り、指で押さえてしっかり接着させます。

◇ピンブローチの作り方

スエードの中央にピンブローチを刺します。ピンブローチの皿に接着剤を塗り、指で押さえてしっかり接着させます。

Basis ⑤
「ワニ」を作ってみましょう

「ワニ」を作ってみましょう。スパングルやパールビーズの使い方をマスターすると、ビーズ刺繍でさまざまな表現ができるようになります。大きいモチーフは、仕上げにブローチ金具を付けます。

◇作品掲載：P.13
◇ How to make：P.59

1 図案の上に布をのせ、図案を写します。

2 糸は1本取りで、布の裏面で刺し始めの糸の処理（P.42参照）を行い、ビーズを刺し始めます。ワニの口先から針を出し、輪郭から刺し始めます。

3 指定のビーズを2個ずつ刺し、輪郭をぐるりと一周します。

4 輪郭をすべて刺し終わったら、最後に刺したビーズのすぐ端から針を表に出し、すべてのビーズに一度に針を通してビーズを整え、糸始末をします。

5 ワニの内側を刺していきます。糸は2本取りで、二重にして玉結びをしてから刺し始めます。パールビーズを使うときは同様に刺し始めます。

6 1本取りのときと同様に刺し始めの処理（P.42参照）をします。縦横に数回すくい、糸を固定してから針を表に出します。

7 ワニの口先から指定のビーズで埋めていきます。途中で目を入れ、隙間ができないように親指で詰めながら刺します。

8 ワニの体部分ができました。最後まで刺し終えたら、布の裏で刺し終わりの処理（P.44参照）をして糸を切ります。

9 ワニの背中のスパングルを刺します。ワニの背中では、スパングルのくぼみが下を向くようにして使います。

10 頭の後ろ部分から刺します。パールビーズ同様、糸は2本取りで二重にして玉結びをし、布の裏で刺し始めの処理（P.42参照）をしたら表に針を出します。

11 スパングルの表裏に気をつけながら1個目のスパングルを通し、すぐ端から裏に向かって針を刺します。針を刺した部分から少し戻る位置から針を表に出します。これを繰り返します。

12 スパングルを一列刺し終わりました。

13 二列めを刺します。スパングルの向きをそろえるために、一列めの刺し始めと同様の位置にざっくりとしたなみ縫いで戻ります。

14 刺し始め位置に戻りました。再び、一列目と同様に刺していきます。

15 すべて刺し終わりました。

16 刺し終わりの糸の処理をします。布の裏側で刺し始めと同様にひと針すくい、さらに別の角度でもひと針すくい、糸を切ります。

17 布を刺繍枠から外し、モチーフより1cm程度外側の部分でカットします。

18 ハードフェルトをワニの大きさにカットします。

19 角度のある部分には、布に切り込みを入れます。

20 接着剤を適量取り、モチーフの裏側に塗ります。

21 布の裏側にハードフェルトを貼り付けます。しっかりと指で押さえて接着しましょう。

22 モチーフを切らないように気をつけながら、ハードフェルトをカットします。このとき、モチーフよりハードフェルトが少し小さくなるようにします。

23 布に接着剤を塗り、ハードフェルトを包み込むように接着します。

24 スエードをモチーフの大きさにカットします。

25 スエードにブローチ金具を取り付けます。スエードを裏に返し、ブローチ金具を当てて両端に印を付けます。

26 印を付けた2箇所に、カッターを使って切り込みを入れます。

27 スエードの表側から裏に向かってブローチピンの針を差し込みます。

28 そのまま反対側の切り込みにも針を通し、ブローチピンの接着面がスエードの裏側と平行になるようにします。

29 ブローチ金具が通りました。

30 ブローチ金具とスエードが重なる部分に接着剤を付け、しっかりと接着させます。

31 モチーフの裏側に接着剤を付け、ブローチ金具の付いたスエードを接着させます。21と同様に、しっかりと指で押さえて接着しましょう。

32 表からはみ出ている部分のスエードをカットします。

33 ワニのブローチが完成しました。

How to make

〈この本の図案の表記について〉
- 参考写真の数字（❶・❷・❸）は刺す順番を表しています。
- 参考写真のサイズは、実際のサイズとは異なります。
- 1本取りの刺し始めの処理は P.42、2本取り刺し始めの処理は P.46 を参照してください。
- 糸の刺し始めの処理は P.42、刺し終わりの処理は P44 を参照してください。

オオマシコ

作品掲載：P.6

●材料

1　○ビーズ/トレジャービーズ49（黒）、トレジャービーズ241（赤）、トレジャービーズ401（白）、丸 小241（赤）、丸 小261（グレー）、一分竹ビーズ49（黒）、パールビーズ204 2mm（黒）、ウォッシャブルスパングル亀甲4mm 10（白）、ウォッシャブルスパングル平丸4mm 11（黒）、ウォッシャブルスパングル亀甲4mm 21（透明赤）
　　○糸/ベージュ

●作り方

① 頭部から刺し始めます。糸は1本取りで、下絵に沿って、上くちばし、頭から首元までの輪郭を指定のビーズで刺します。2列めは丸みを出しながら指定のビーズで刺し、途中の3列めでは目を刺します。
② 4～7列めは横に向かって指定のビーズで刺します。くちばしの一番下を刺し、そのまま顎、腹から尾までの輪郭を刺します。
③ 腹の内側を刺します。一番下の列からビーズを斜めに使い、6列めまで刺します。続けて足部分も刺し、糸の始末をします。
④ 羽を刺します。糸を替え、2本取りにします。二重にして玉結びをし、糸留めをして始めます。首の後ろを起点にし、指定のスパングルのくぼみが下にくるように刺します。2～3列めでは尾まで刺し、空きスペースに合わせて4～5列めを刺します。

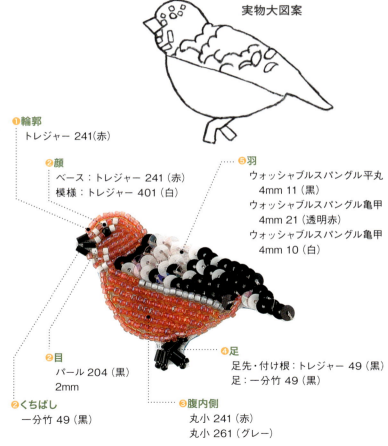

実物大図案

❶輪郭
トレジャー 241(赤)

❷顔
ベース：トレジャー 241（赤）
模様：トレジャー 401（白）

❺羽
ウォッシャブルスパングル平丸 4mm 11（黒）
ウォッシャブルスパングル亀甲 4mm 21（透明赤）
ウォッシャブルスパングル亀甲 4mm 10（白）

❷目
パール 204（黒）2mm

❷くちばし
一分竹 49（黒）

❹足
足先・付け根：トレジャー 49（黒）
足：一分竹 49（黒）

❸腹内側
丸小 241（赤）
丸小 261（グレー）

ライチョウ

作品掲載：P.6

●材料

2
- ○ビーズ/トレジャービーズ49（黒）、トレジャービーズ129（赤）、トレジャービーズ401（白）、一分竹ビーズ49（黒）、パール204（黒）2mm、ウォッシャブルスパングル亀甲4mm10（白）、ウォッシャブルスパングル平丸4mm11（黒）
- ○糸/白、黒

●作り方

① 頭部から刺し始めます。黒糸を使い、糸は1本取りで、下絵に沿ってくちばしの先、頭から首の輪郭を刺します。2～5列めは指定のビーズで同様に刺します。途中の3列めでは目を刺し、最後まで刺したら糸の始末をします。
② 羽部分を刺します。黒糸を使い、2本取りで二重にして玉結びをし、糸留めをして始めます。首の後ろを起点とし、指定のスパングルを4列刺し、糸の始末をします。白のスパングルは、くぼみが上にくるようにして使います。
③ 腹を刺します。糸を白糸に付け替え、2本取りにします。二重にして玉結びをし、糸留めをして始めます。腹の輪郭を下絵に沿って指定のスパングルで刺し、続けて内側を埋めて糸の始末をします。
④ 足を刺します。糸は1本取りで、指定のビーズで足を刺します。

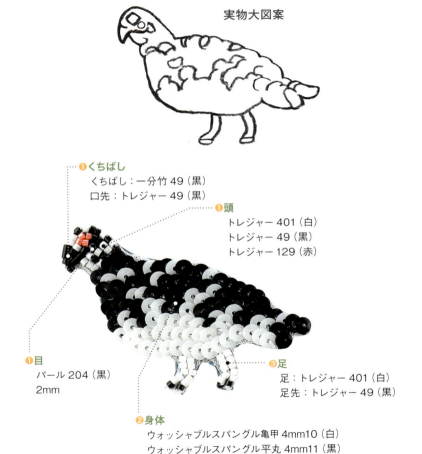

実物大図案

❶くちばし
くちばし：一分竹49（黒）
口先：トレジャー49（黒）

❶頭
トレジャー401（白）
トレジャー49（黒）
トレジャー129（赤）

❶目
パール204（黒）
2mm

❷身体
ウォッシャブルスパングル亀甲4mm10（白）
ウォッシャブルスパングル平丸4mm11（黒）

❸足
足：トレジャー401（白）
足先：トレジャー49（黒）

モモイロペリカン

作品掲載：P.7

●材料

3
- ○ビーズ／トレジャービーズ49（黒）、トレジャービーズ129（赤）、トレジャービーズ401（白）、トレジャービーズ770（黄）、トレジャービーズ794（ベージュ）、パールビーズ200 2mm（白）、パールビーズ200 3mm（白）、パールビーズ200 4mm（白）、パールビーズ204（黒）2mm、ウォッシャブルスパングル亀甲4mm 18（クリアオーロラ）、ウォッシャブルスパングル亀甲4mm 19（ホワイトオーロラ）、ウォッシャブルスパングル亀甲4mm 10（白）、ウォッシャブルスパングル亀甲4mm 11（黒）、
- ○毛糸／ヤーン（オフホワイト）
- ○糸／白

●作り方

①目から刺し始めます。糸は1本取りで、下絵に沿って目を刺し、その周りを指定のビーズで一周刺します。

②目の左端から頭、首までの輪郭を刺し、上くちばしの輪郭も同様に刺します。続いて、上くちばしの2列め、目の下から首、腹、尾までの輪郭を刺します。

③下くちばしを刺します。目の下の列を指定のビーズで刺し、そのまま②で刺したビーズと上くちばしに沿うように、下くちばしの輪郭を一周刺します。続けてくちばしの内側を指定のビーズを斜めに刺して埋めます。

④身体内側部分を刺します。糸を白糸に付け替え、二重にして玉結びをし、糸留めをして始めます。頭頂部から空白に合わせてパールを腹から尾まで刺します。

⑤羽部分を刺します。首の後ろを起点とし、指定のスパングルのくぼみが下になるように刺します。スパングルを3列刺したら、羽の境界を指定のビーズで1列刺し、続けて腹のパールに沿うように、指定のスパングルを同じように1列刺し、最後に空きスペースに指定のスパングルを刺します。

⑥足部分を刺します。糸を替え、1本取りで指定のビーズで刺します。

⑦ビーズをすべて刺し終わり、裏の処理をするときに、ひげととさかになる毛糸を縫い付けます。ハードフェルトを付けた段階で毛糸をハードフェルトに直接縫い付け、その上からスエードを貼り付けて固定します。

実物大図案

❸上くちばし
トレジャー794（ベージュ）
トレジャー129（赤）

❸下くちばし
トレジャー770（黄）

❶目
中央：パール204（黒）2mm
周り：トレジャー794（ベージュ）

❷顔・身体輪郭
トレジャー401（白）

❼ひげ・とさか
ヤーン（白）

❹身体 内側
パール200（白）
2mm、3mm、4mm

❺羽境界
トレジャー401（白）

❻足
足：トレジャー794（ベージュ）
爪：トレジャー49（黒）

❺羽
上：ウォッシャブルスパングル亀甲4mm19（ホワイトオーロラ）
中：ウォッシャブルスパングル亀甲4mm10（白）
下：ウォッシャブルスパングル亀甲4mm11（黒）
尾：ウォッシャブルスパングル亀甲4mm18（クリアオーロラ）

コガラ

作品掲載：P.8

●材料

4 ○ビーズ/トレジャービーズ49（黒）、トレジャービーズ401（白）、丸小261（グレー）、一分竹ビーズ49（黒）、パールビーズ200 2mm（白）、パールビーズ200 3mm（白）、パールビーズ204 2.5mm（黒）、ウォッシャブルスパングル亀甲4mm10（白）、ウォッシャブルスパングル亀甲4mm 11（黒）、ウォッシャブルスパングル亀甲4mm 13（銀）
○糸／グレー

●作り方

①くちばしと頭部から刺し始めます。糸は1本取りで、上のくちばしを指定のビーズで刺し、そのまま頭部の輪郭を下絵に沿って刺していきます。続いて、頭部の2～4列目も同様に刺します。
②目の列を刺します。下くちばしから指定のビーズをまっすぐに刺します。目の下の列は右側の輪郭際から左に向かってビーズ1個分を残して指定のビーズを2列刺します。
③下くちばしから体の輪郭を指定のビーズで刺します。さらに首部分を、縦に2個ずつ指定のビーズで7列刺します。
④羽部分を刺します。糸を白糸に付け替え、2本取りにします。二重にして玉結びをし、首の後ろを起点として指定のスパングルをくぼみが上になるように使います。2～3列目では尾も合わせて刺します。
⑤腹の内側を指定のビーズで埋めます。隙間が空いた箇所には小さいパールビーズを使ってしっかりと埋めていきます。
⑥指定のビーズで足を刺します。

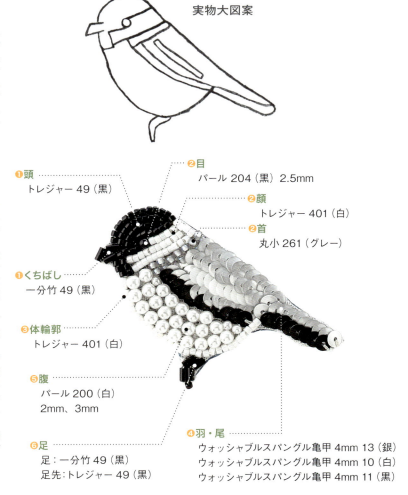

実物大図案

❶頭
トレジャー 49（黒）

❷目
パール 204（黒）2.5mm

❷顔
トレジャー 401（白）

❷首
丸小 261（グレー）

❶くちばし
一分竹 49（黒）

❸体輪郭
トレジャー 401（白）

❺腹
パール 200（白）
2mm、3mm

❻足
足：一分竹 49（黒）
足先：トレジャー 49（黒）

❹羽・尾
ウォッシャブルスパングル亀甲 4mm 13（銀）
ウォッシャブルスパングル亀甲 4mm 10（白）
ウォッシャブルスパングル亀甲 4mm 11（黒）

カワセミ食事中

作品掲載：P.8

●材料

5　○ビーズ/トレジャービーズ21（銀）、トレジャービーズ49（黒）、トレジャービーズ129（オレンジ）、トレジャービーズ401（白）、トレジャービーズ789（ベージュ）、トレジャービーズ932（青）、一分竹ビーズ21（銀）、一分竹ビーズ49（黒）、パールビーズ204（黒）2mm、パールビーズ204（黒）2.5mm、ガラスパールビーズα-497-3（ベージュ）3mm、ウォッシャブルスパングル亀甲4mm 4（青）、ウォッシャブルスパングル亀甲4mm 8（濃青）、ウォッシャブルスパングル亀甲4mm 18（クリアオーロラ)
○糸/青、白

●作り方

① カワセミの頭部から刺し始めます。青糸を使い、糸は1本取りで、下絵に沿ってくちばしの付け根から首の付け根までの輪郭を指定のビーズで刺します。
② 2～8列目まで指定のビーズ、途中の3列目では目を刺して頭部を完成させます。続けてくちばしを刺し、最後まで刺したら糸の始末をします。
③ 魚を刺します。糸を白糸に付け替え、2本取りで二重にして玉結びをし、糸留めをして始めます。下絵に沿って魚の輪郭、尾びれ、目、背中、うろこを刺します。最後まで刺したら糸の始末をします。
④ カワセミの羽を刺します。糸を青糸に付け替え、二重にして玉結びをし、糸留めをして始めます。スパングルのくぼみが下にくるように使い、羽の一番外側は青のスパングルで、2～3列目では青と濃青のスパングルを混ぜながら尾まで刺します。
⑤ 顎から腹を刺します。くちばしの下から腹の輪郭を下絵に沿って刺し、内側を指定のビーズで埋めます。
⑥ 指定のビーズで足を刺します。

実物大図案

❷頭
トレジャー 932（青）
トレジャー 401（白）
トレジャー 49（黒）
トレジャー 789（ベージュ）

❷目
パール 204（黒）3mm

❶くちばし
一分竹 49（黒）
トレジャー 49（黒）

❹羽
ウォッシャブルスパングル亀甲 4mm 4（青）
ウォッシャブルスパングル亀甲 4mm 8（濃青）

❺顎
トレジャー 401（白）

❸魚
輪郭：一分竹 21（銀）
尾びれ：一分竹 21（銀）
目：パール 204（黒）2mm
内側：トレジャー 21（銀）
うろこ：ウォッシャブルスパングル 亀甲 4mm 18（クリアオーロラ）

❻足
足：トレジャー 129（オレンジ）
足先：トレジャー 49（黒）

❺腹
輪郭：トレジャー 789（ベージュ）
内側：ガラスパールα-497-3 3mm（ベージュ）

エリマキトカゲ

作品掲載：P.10

●材料

6 ○ビーズ/トレジャービーズ278（茶）、トレジャービーズ925（ピンク）、丸小103（透明茶）、丸小114（茶）、特小122（アイボリー）、特小941（茶）、パールビーズ204 2mm（黒）、パールビーズ201 2mm（アイボリー）、パールビーズ201 2.5mm（アイボリー）
○糸/ベージュ

●作り方

①エリマキトカゲの顔から刺し始めます。糸は1本取りで、下絵に沿ってエリマキトカゲの目の列から刺し、それに合わせて口、顔の内側を刺します。続けて顔の輪郭部分を六角形になるように、内側のビーズに沿って指定のビーズで刺します。
②顔の両脇の襟状の部分を刺します。下絵に沿って指定のビーズで輪郭を刺し、続けて内側のスジを刺します。
③襟状部分の内側の隙間を、指定のビーズで埋めます。
④体部分を刺します。下絵に沿って手、足、体、尻尾の輪郭を刺し、最後に内側を指定のビーズで埋めます。

実物大図案

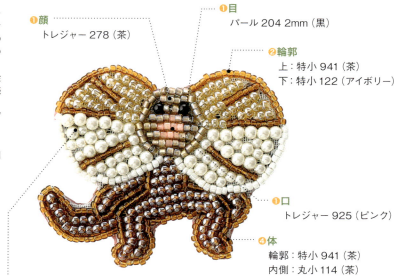

❶顔 トレジャー278（茶）

❶目 パール204 2mm（黒）

❷輪郭
上：特小941（茶）
下：特小122（アイボリー）

❶口 トレジャー925（ピンク）

❹体
輪郭：特小941（茶）
内側：丸小114（茶）

❸襟状部分
上：丸小103（透明茶）
下：パール201（アイボリー） 2mm、2.5mm

ウーパールーパー

作品掲載：P.11

● 材料

7
○ビーズ／トレジャービーズ786（薄紫）、トレジャービーズ925（ピンク）、丸小151（薄紫）、特小49（黒）、パールビーズ204 2mm（黒）
○糸／白

● 作り方

① ウーパールーパーの顔部分から刺し始めます。糸は1本取りで、下絵に沿ってウーパールーパーの輪郭を刺します。
② 続けて、目、口を刺します。
③ 目と口を避けるように、顔の内部を斜めに刺します。
④ 下絵に沿って外エラと前足の輪郭を刺します。このとき、外エラが左右対称になるように注意しましょう。続けて外エラと前足の内側を埋めます。

実物大図案

❶ 輪郭
トレジャー925（ピンク）

❸ 外エラ内側
丸小151（薄紫）

❷ 目
パール204（黒）2mm

❷ 口
特小49（黒）

❹ 顔・身体内側
トレジャー786（薄紫）

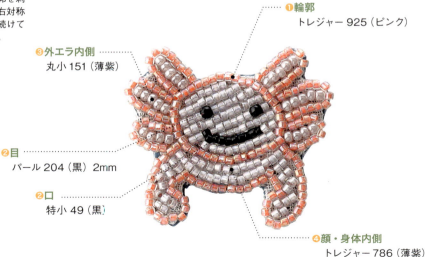

タンチョウ

作品掲載：P.12

●材料

8 ○ビーズ/トレジャービーズ21（銀）、トレジャービーズ161（透明）、トレジャービーズ777（白）、丸小25（赤）、一分竹ビーズ161（透明）、パールビーズ3mm 204（黒）、ウォッシャブルスパングル亀甲4mm 10（白）、ウォッシャブルスパングル亀甲4mm 19（オーロラホワイト）
○糸/白

●作り方

① タンチョウの輪郭から刺し始めます。糸は1本取りで、下絵に沿って頭頂部、体、顔、背びれ、尾びれ、下ひれの順に輪郭を刺していきます。
② 頭頂部の内側を刺します。指定のビーズを縦に使い、8列刺して埋めます。
③ 顔の内側を刺します。始めに目を刺し、その周りを指定のビーズでぐるりと囲み、残りの部分は横向きにビーズを使って埋めます。
④ 背びれ、尾びれ、下ひれの内側を刺します。背びれは縦向き、尾びれは横向き、下ひれは斜めに指定のビーズを刺し、すべて刺し終わったら糸の始末をします。
⑤ 体の内側を刺します。糸を付け替え、2本取りで二重にして玉結びをし、糸留めをして始めます。頭の後ろを起点とし、指定のスパングルのくぼみが下にくるように使い、上半分を尾びれに向かって3列刺します。
⑥ 下半分を指定のスパングルを同様に刺し、4列でエラになるビーズを刺します。

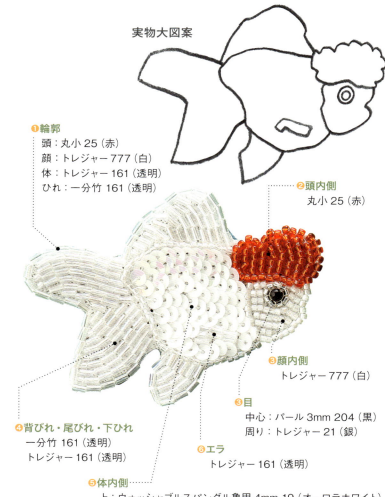

実物大図案

❶輪郭
頭：丸小 25（赤）
顔：トレジャー 777（白）
体：トレジャー 161（透明）
ひれ：一分竹 161（透明）

❷頭内側
丸小 25（赤）

❸顔内側
トレジャー 777（白）

❸目
中心：パール 3mm 204（黒）
周り：トレジャー 21（銀）

❹背びれ・尾びれ・下ひれ
一分竹 161（透明）
トレジャー 161（透明）

❻エラ
トレジャー 161（透明）

❺体内側
上：ウォッシャブルスパングル亀甲 4mm 19（オーロラホワイト）
下：ウォッシャブルスパングル亀甲 4mm 10（白）

デメキン

作品掲載：P.12

● **材料**

9　○ビーズ/トレジャービーズ21（銀）、トレジャービーズ49（黒）、一分竹ビーズ 9（透明グレー）、一分竹ビーズ 49（黒）、パールビーズ3mm 204（黒）、ウォッシャブルスパングル平丸4mm 11（黒）、ウォッシャブルスパングル亀甲4mm 11（黒）
○糸/黒

● **作り方**

① デメキンの輪郭から刺し始めます。糸は1本取りで、下絵に沿って目、体、背びれ、尾びれ、下ひれの順に輪郭を刺していきます。
② 目を刺します。始めに目の中央を刺し、その周りを指定のビーズでぐるりと囲み、残りの空白はビーズを縦に刺して埋めます。
③ 背びれ、尾びれ、下ひれの内側を刺します。背びれは縦向き、尾びれは横向き、下ひれは斜め向きにビーズを刺し、すべて刺し終わったら糸の始末をします。
④ 体部分を刺します。糸を付け替え、2本取りで二重にして玉結びをし、糸留めをして始めます。目の後ろを起点とし、指定のスパングルのくぼみが下にくるように使って、上半分を尾びれに向けて三列刺します。
⑤ 体部分の残りを指定のスパングルで刺します。途中でエラを刺し、すべて刺し終えたら糸の始末をします。

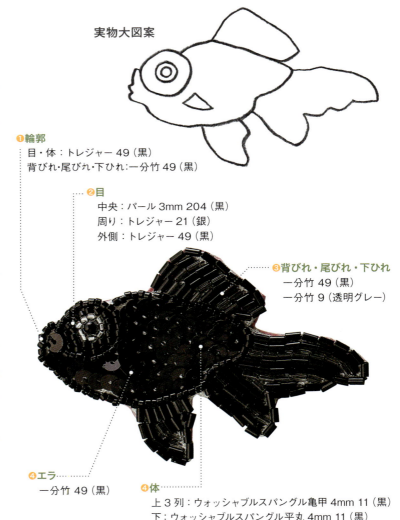

実物大図案

❶ 輪郭
目・体：トレジャー 49（黒）
背びれ・尾びれ・下ひれ：一分竹 49（黒）

❷ 目
中央：パール 3mm 204（黒）
周り：トレジャー 21（銀）
外側：トレジャー 49（黒）

❸ 背びれ・尾びれ・下ひれ
一分竹 49（黒）
一分竹 9（透明グレー）

❹ エラ
一分竹 49（黒）

❹ 体
上3列：ウォッシャブルスパングル亀甲 4mm 11（黒）
下：ウォッシャブルスパングル平丸 4mm 11（黒）

ワニ

作品掲載：P.13

●材料

10　○ビーズ/トレジャービーズ176（透明グレー）、トレジャービーズ401（白）、丸小261（グレー）、パールビーズ204（黒）、パールビーズ202（グレー）2mm、ウォッシャブルスパングル亀甲4mm 13（銀）
○糸/白

●作り方

①ワニの輪郭から刺していきます。糸は1本取りで、下絵に沿って、顔、体、尾、足を指定のビーズで一周ぐるりと刺します。すべて刺し終わったら糸の始末をします。
②内側を刺します。糸を付け替え、2本取りで二重にして玉結びをし、糸留めをして始めます。目の位置に気をつけながら、指定のビーズで顔、手、腹、足、尾を埋めていきます。
③背中を刺します。スパングルのくぼみが下にくるように使い、目に近い方から尾に向かって指定のスパングルで二列刺します。

実物大図案

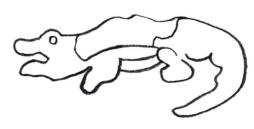

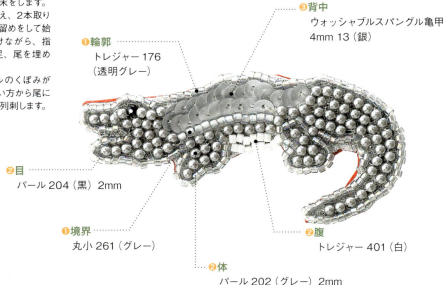

❸背中
ウォッシャブルスパングル亀甲
4mm 13（銀）

❶輪郭
トレジャー 176
（透明グレー）

❷目
パール 204（黒）2mm

❶境界
丸小 261（グレー）

❷体
パール 202（グレー）2mm

❷腹
トレジャー 401（白）

サウナ後ロブスター

※刺繍枠は12cmのものを使用しています。

作品掲載：P.15

●材料

11
- ○ビーズ/トレジャービーズ45（赤）、トレジャービーズ129（赤）、トレジャービーズ241（赤）、トレジャービーズ109（赤）、トレジャービーズ798（赤）、丸小2113（赤）、パールビーズ204（黒）4mm、ウォッシャブルスパングル亀甲4mm 3（赤）
- ○糸/赤
- ○たこ糸/きなり

●作り方

①ロブスターの輪郭から刺していきます。糸は1本取りで、下絵に沿って顔、体、手の順に輪郭を刺していきます。

②顔と体の内側を刺します。まず目を指定のビーズで刺します。体部分は、指定のビーズ6種類を混ぜて顔〜体の全7ブロックすべてを斜めに刺していきます。すべて刺し終わったら糸の始末をします。

③前脚〜はさみの内側を刺します。糸を付け替え、2本取りで二重にし、玉結びをしてから糸留めをして始めます。指定のスパングルをくぼみが下にくるように使い、輪郭に沿って刺します。すべて刺し終わったら糸の始末をします。

④両方のはさみ部分にたこ糸を4回巻き、裏側で固結びをします。

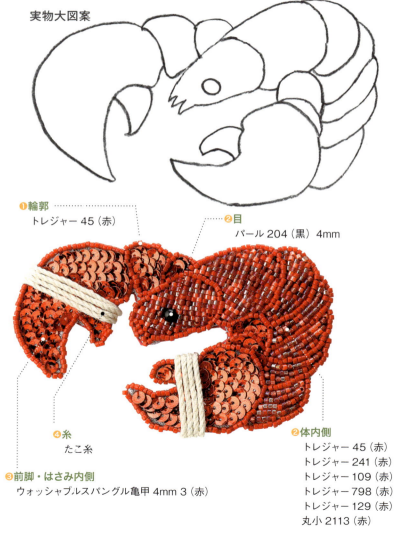

実物大図案

❶輪郭
トレジャー 45（赤）

❷目
パール 204（黒）4mm

❹糸
たこ糸

❸前脚・はさみ内側
ウォッシャブルスパングル亀甲 4mm 3（赤）

❷体内側
トレジャー 45（赤)
トレジャー 241（赤）
トレジャー 109（赤）
トレジャー 798（赤）
トレジャー 129（赤）
丸小 2113（赤）

アジ

作品掲載：P.16

● 材料

12　○ビーズ／トレジャービーズ21（銀）、トレジャービーズ49（黒）、トレジャービーズ176（グレー）、トレジャービーズ161（透明）、トレジャービーズ401（白）、一分竹ビーズ161（透明）、パールビーズ204（黒）2mm、ウォッシャブルスパングル亀甲4mm18（クリアオーロラ）
　　○糸／白、黄

● 作り方

① アジの輪郭から刺し始めます。白糸を使い、1本取りで、下絵に沿って口の先から背方面に向かって尾まで指定のビーズを刺します。最後まで刺したら口に戻り、今度は下腹に向かって同様に指定のビーズで刺していきます。

② 顔の内側を刺します。まず中央に目となるビーズを1個刺し、その周りを指定のビーズでぐるりと囲みます。

③ 口先と背中の2列めを刺します。すべて刺し終わったら糸の始末をします。

④ 背中の3〜4列めを刺します。糸を黄色糸に付け替え、2本取りで二重にし、玉結びをしてから2列めと同様に刺します。

⑤ 顔部分を刺します。エラは縦にビーズを刺し、続けて、エラと目の間の顔部分を指定のビーズでエラと同様縦に刺します。

⑥ 体の5〜7列めを指定のビーズで刺します。さらに下絵に沿って背びれと尾びれも刺し、すべて刺し終わったら糸の始末をします。

⑦ 腹部分を刺します。糸を白糸に付け替え、2本取りで二重にして玉結びをし、糸留めをして始めます。指定のスパングルのくぼみが下にくるように使って2列刺し、最後に胸ひれを指定のビーズで刺します。

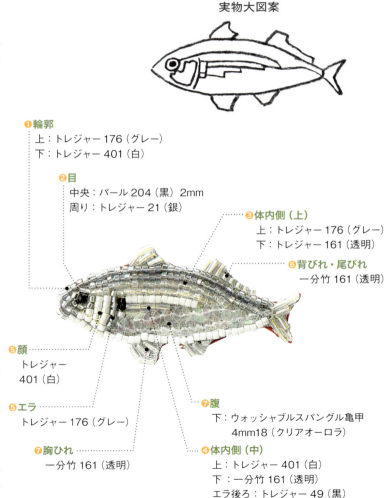

実物大図案

❶ 輪郭
　上：トレジャー176（グレー）
　下：トレジャー401（白）

❷ 目
　中央：パール204（黒）2mm
　周り：トレジャー21（銀）

❸ 体内側（上）
　上：トレジャー176（グレー）
　下：トレジャー161（透明）

❻ 背びれ・尾びれ
　一分竹161（透明）

❺ 顔
　トレジャー401（白）

❺ エラ
　トレジャー176（グレー）

❼ 胸ひれ
　一分竹161（透明）

❼ 腹
　下：ウォッシャブルスパングル亀甲
　　4mm18（クリアオーロラ）

❹ 体内側（中）
　上：トレジャー401（白）
　下：一分竹161（透明）
　エラ後ろ：トレジャー49（黒）

アジ刺身

作品掲載：P.16

●材料

13 ○ビーズ/トレジャービーズ21（銀）、トレジャービーズ29B（銀）、トレジャービーズ290（透明ピンク）、トレジャービーズ786（薄紫）、丸小2121（ピンク）、特小356（紫）、特小121（白）
○糸/ピンク

●作り方

①アジの刺身の上ブロックから刺し始めます。糸は1本取りで、始めに上部の外側の輪郭を指定のビーズで刺します。続けて、内側を指定のビーズで6列刺します。
②中央のブロックを刺します。指定のビーズ4種類を混ぜ、始めに外側の輪郭を刺します。内側は写真を参考に上ブロックと変化をつけるためにビーズを斜め向きに刺し、埋めていきます。
③右端の輪郭を刺し、上部分、中央部分とは別の角度になるように、指定のビーズを縦に刺します。

実物大図案

❶**上ブロック**
左：特小 356（紫）
中央：トレジャー 21（銀）
　　　トレジャー 29B（銀）
右：トレジャー 290（透明ピンク）

❷**中央ブロック**
トレジャー 290（透明ピンク）
丸小 2121（ピンク）
トレジャー 786（薄紫）
特小 121（白）

❸**右端**
トレジャー 786（薄紫）

アジフライ

作品掲載：P.16

●材料
14
- ○ビーズ／トレジャービーズ162（透明ベージュ）、丸小22F（金）、丸小103（透明ベージュ）、一分竹ビーズ161（透明）、
- ○糸／ベージュ

●作り方
① 中央の衣部分から刺し始めます。糸は2本取りで、衣の中心部分から斜めにビーズを1個ずつ刺します。隣合うビーズが同じ角度、種類にならないように気をつけながら、衣部分を埋めていきます。輪郭付近も同様に1個ずつ刺します。
② 尾を刺します。下絵に沿って指定のビーズを縦に向かって3列刺します。

実物大図案

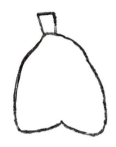

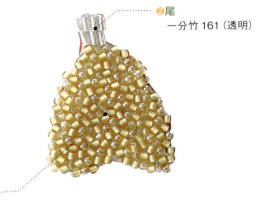

❷尾
　一分竹161（透明）

❶衣
　トレジャー162（透明ベージュ）
　丸小103（透明ベージュ）
　丸小22F（金）

フタバスズキリュウ

作品掲載：P.17

●材料

15
- ○ビーズ／トレジャービーズ932（青）、丸小2102（水色）、特小121（白）、特小161（透明）、パールビーズ204（黒）2mm
- ○糸／青色

●作り方

① フタバスズキリュウの輪郭から刺し始めます。糸は1本取りで、下絵に沿ってフタバスズキリュウの顔からぐるりと一周指定のビーズで刺します。
② 内側を刺します。途中で目を入れながら、顔から体、腹までを指定のビーズで輪郭に沿って埋めます。
③ 手、足をそれぞれ指定のビーズで埋めます。

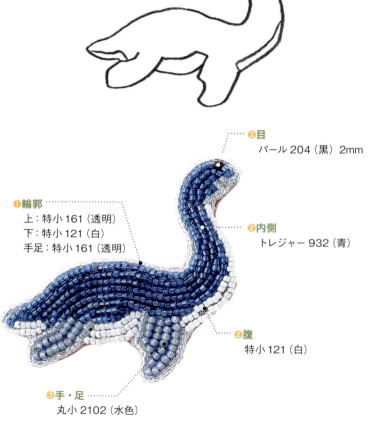

実物大図案

❷目
パール 204（黒）2mm

❶輪郭
上：特小 161（透明）
下：特小 121（白）
手足：特小 161（透明）

❷内側
トレジャー 932（青）

❷腹
特小 121（白）

❸手・足
丸小 2102（水色）

ステゴサウルス

作品掲載：P.17

● 材料

16　○ビーズ／トレジャービーズ34（茶）、トレジャービーズ37（緑）、トレジャービーズ130（緑）、丸小939（緑）、特小939（深緑）、パールビーズ204 2mm（黒）
　　○糸／白

● 作り方

① ステゴサウルスの輪郭から刺し始めます。糸は1本取りで、下絵に沿って背中の突起以外の輪郭を、顔からぐるりと一周指定のビーズで刺します。
② 内側を刺します。途中で目を入れながら、顔から体、腹を指定のビーズで埋めます。2列めで体の模様となるビーズを5箇所入れます。続けて手足はビーズを縦に使って埋めます。
③ 下絵に沿って、背中の突起部分の輪郭を刺します。続けて、内側を指定のビーズで斜めに刺します。

実物大図案

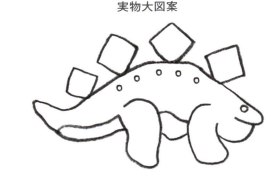

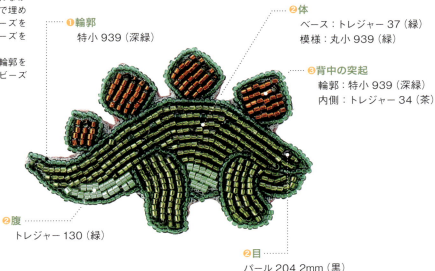

❶輪郭
特小939（深緑）

❷体
ベース：トレジャー37（緑）
模様：丸小939（緑）

❸背中の突起
輪郭：特小939（深緑）
内側：トレジャー34（茶）

❷腹
トレジャー130（緑）

❷目
パール204 2mm（黒）

カレイ

作品掲載：P.18

● 材料

17　○ビーズ/トレジャービーズ221（こげ茶）、一分竹ビーズ221（こげ茶）、パールビーズ204（黒）2mm、ウォッシャブルスパングル亀甲4mm 10（白）、ウォッシャブルスパングル亀甲4mm 17（こげ茶）
○糸/茶色

● 作り方

① カレイの輪郭から刺し始めます。糸は1本取りで、下絵に沿ってカレイの顔から尾、そのまま戻って反対側の顔から尾の輪郭を刺します。

② 顔の内側を刺します。途中で目を入れながら、顔端から縦に6列刺します。顔を刺し終えたら、糸の始末をします。

③ うろこを刺します。糸を付け替え、2本取りで二重にして玉結びをし、糸留めをして始めます。右上を起点とし、指定のスパングルのくぼみが下にくるように使い、輪郭に沿って尾まで刺し、空白を埋めていきます。

④ 背びれと腹びれを刺します。指定のビーズを縦に使い、1個ずつ刺していきます。

⑤ 尾びれを刺します。指定のビーズを斜めに刺します。

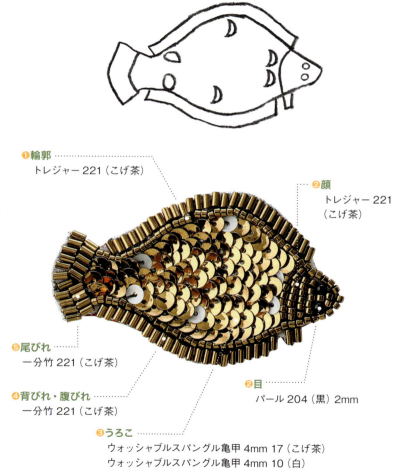

実物大図案

❶ 輪郭
トレジャー 221（こげ茶）

❷ 顔
トレジャー 221（こげ茶）

❺ 尾びれ
一分竹 221（こげ茶）

❹ 背びれ・腹びれ
一分竹 221（こげ茶）

❷ 目
パール 204（黒）2mm

❸ うろこ
ウォッシャブルスパングル亀甲 4mm 17（こげ茶）
ウォッシャブルスパングル亀甲 4mm 10（白）

メカジキ

作品掲載：P.19

●材料

18　○ビーズ/トレジャービーズ21（銀）、トレジャービーズ176（透明グレー）、一分竹ビーズ9（透明グレー）、一分竹ビーズ21（銀）、パールビーズ204（黒）2mm、ウォッシャブルスパングル亀甲4mm 13（銀）
○糸/白

●作り方

①メカジキの顔部分から刺し始めます。糸は1本取りで、下絵に沿って口先（吻）から背に向かって、指定のビーズを1列刺します。同様に2～3列めも刺します。2列めでは、途中で目を入れます。
②口元を指定のビーズで4列刺します。最後の1列は下絵に沿って腹～尾の手前部分まで刺します。
③背びれ、尾びれ、胸びれを刺します。指定のビーズでカーブを付けながらそれぞれの部位を刺し、すべて刺し終わったら糸の始末をします。
④うろこを刺します。糸を付け替え、二重にして玉結びをし、糸留めをして始めます。指定のスパングルをくぼみが下にくるように使って2列刺し、すべて刺し終わったら糸の始末をします。

実物大図案

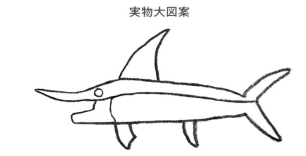

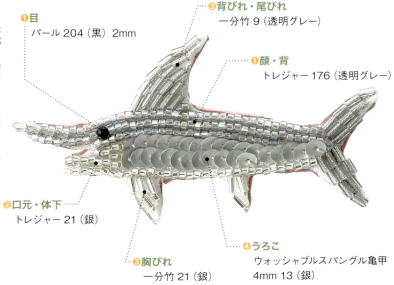

❶目　パール 204（黒）2mm
❸背びれ・尾びれ　一分竹 9（透明グレー）
❶顔・背　トレジャー 176（透明グレー）
❷口元・体下　トレジャー 21（銀）
❸胸びれ　一分竹 21（銀）
❹うろこ　ウォッシャブルスパングル亀甲 4mm 13（銀）

りんごゴリラ

作品掲載：P.20

● 材料

19　○ビーズ/トレジャービーズ49（黒）、トレジャービーズ123（アイボリー）、トレジャービーズ221（こげ茶）、トレジャービーズ241（赤）、丸小49（黒）、丸小2113（赤）、パールビーズ204（黒）2mm、パールビーズ204（黒）3mm
○糸/白

● 作り方

① ゴリラの顔から刺し始めます。糸は1本取りで、下絵に沿ってゴリラの目の列から刺していきます。続けて、目の下の列、鼻の列、目の上の列をそれぞれ刺し、最後に顔の枠の部分を一周刺します。鼻は指定のビーズを縦に使って刺します。
② ゴリラの輪郭を刺します。下絵に沿って頭から手、体、両足の輪郭を刺していきます。
③ 胸と腹刺し、糸の始末をします。
④ 体の内側を刺していきます。糸を付け替え、2本取りで二重にして玉結びをしてから刺し始めます。指定のビーズで内側を埋め、ゴリラを完成させます。
⑤ りんごを刺します。指定のビーズでりんごの輪郭を刺し、それに合わせて内側を埋めていきます。最後にりんごの茎を刺します。

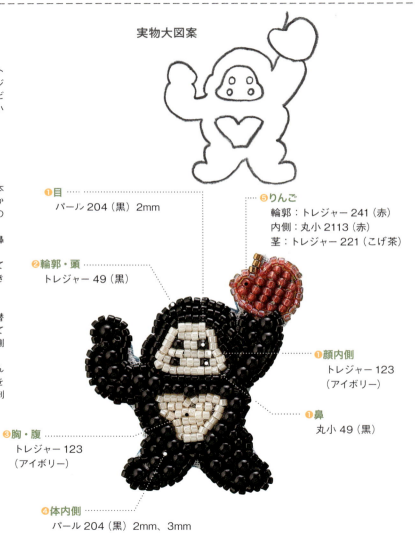

実物大図案

❶ 目
パール204（黒）2mm

❷ 輪郭・頭
トレジャー49（黒）

❸ 胸・腹
トレジャー123（アイボリー）

❹ 体内側
パール204（黒）2mm、3mm

❺ りんご
輪郭：トレジャー241（赤）
内側：丸小2113（赤）
茎：トレジャー221（こげ茶）

❶ 顔内側
トレジャー123（アイボリー）

❶ 鼻
丸小49（黒）

らっかせいイヌ

作品掲載：P.20

●材料

20　○ビーズ/トレジャービーズ241（赤）、トレジャービーズ401（白）、トレジャービーズ763（ベージュ）、丸小49（黒）、パールビーズ200（白）2mm、パールビーズ200（白）2.5mm、パールビーズ200（白）3mm、パールビーズ204（黒）2mm
　　○糸/白

●作り方

①イヌの顔から刺し始めます。糸は1本取りで、下絵に沿ってイヌの目の列から刺していきます。続けて、指定のビーズで、目の下の列、鼻の列、口の列を刺し、目の両脇の列を縦に4個ずつ刺し、糸の始末をします。鼻と口は指定のビーズを縦に使って刺します。

②顔周りを刺していきます。糸を付け替え、2本取りで二重にして玉結びをし、糸留めをして始めます。まず顔のすぐ隣の列を2.5mmのパールビーズでぐるりと一周刺したあと、下絵に沿って3mmのパールビーズで一番外枠を刺します。空いたスペースは、空白に合わせたパールビーズで詰まりすぎない程度に埋めます。

③体を刺します。下絵に沿って、体の輪郭、手足と尻尾を2.5mmのパールビーズで刺し、②と同じ要領で、空いたスペースを2mmのパールビーズで埋め、糸の始末をします。

④らっかせいを刺します。糸を付け替え、1本取りで刺し始めます。下絵に沿って指定のビーズでらっかせいの輪郭を刺します。内側は、中央に真っ直ぐビーズを刺し、それに合わせて内側を埋めていきます。

実物大図案

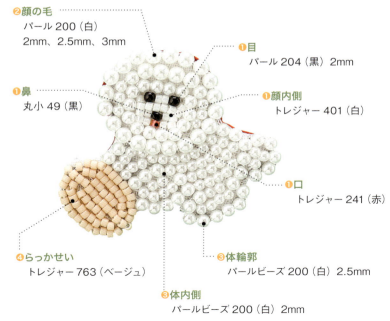

❷ 顔の毛
パール200（白）
2mm、2.5mm、3mm

❶ 鼻
丸小49（黒）

❹ らっかせい
トレジャー763（ベージュ）

❶ 目
パール204（黒）2mm

❶ 顔内側
トレジャー401（白）

❶ 口
トレジャー241（赤）

❸ 体輪郭
パールビーズ200（白）2.5mm

❸ 体内側
パールビーズ200（白）2mm

ヌートリアあずき

作品掲載：P.21

●材料

21　○ビーズ／トレジャービーズ798（赤）、丸小46（えんじ）、丸小49（黒）、丸小103（透明茶）、丸小114（茶）、丸小123（アイボリー）、特小121（白）、特小941（茶）、パールビーズ204（黒）2mm、
○糸／ベージュ

●作り方

① ヌートリアの輪郭から刺し始めます。糸は1本取りで、下絵に沿ってヌートリアの左耳から始め、右回りに輪郭を刺します。
② 顔の内側を刺します。下絵に沿って目の列から横向きに刺し、口周りの列までを指定のビーズで刺します。さらに耳の中を指定のビーズで刺したら、空白を指定のビーズで埋めていきます。
③ 体部分を刺します。顔と変化をつけるため、指定のビーズで斜めに刺し、尻尾まで埋めていきます。このとき、歯は縦に刺します。
④ あずきを刺します。下絵に沿ってあずきの輪郭を刺し、指定のビーズで内側を埋めていきます。

実物大図案

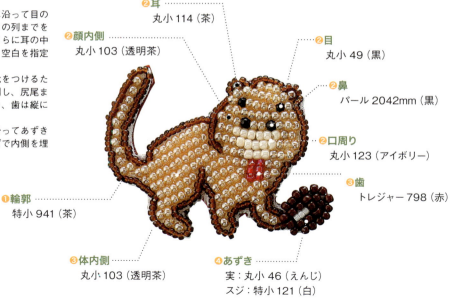

❷ 耳　丸小114（茶）
❷ 顔内側　丸小103（透明茶）
❷ 目　丸小49（黒）
❷ 鼻　パール2042mm（黒）
❷ 口周り　丸小123（アイボリー）
❸ 歯　トレジャー798（赤）
❶ 輪郭　特小941（茶）
❸ 体内側　丸小103（透明茶）
❹ あずき　実：丸小46（えんじ）　スジ：特小121（白）

キンシコウうどん

作品掲載：P.21

●材料

22　○ビーズ/トレジャービーズ123（アイボリー）、トレジャービーズ162（透明ベージュ）、トレジャービーズ221（こげ茶）、トレジャービーズ278（茶）、トレジャービーズ351（水色）、特小49（黒）、特小121（白）、パールビーズ204（黒）2mm
○糸/ベージュ

●作り方

①キンシコウの顔から刺し始めます。糸は1本取りで、下絵に沿って目の列をまっすぐに刺し、目の下の列、鼻の列、4列めと、目の上に1個ずつ刺していきます。さらにその外側（顔の輪郭）を実物大図案に沿ってぐるりと一周刺します。

②顔の輪郭の外側を、輪郭に沿って指定のビーズで刺します。最後に頭頂部のとさかを下絵に沿って刺します。

③耳と体を刺していきます。下絵に沿って耳を刺し、鼻の穴の間のビーズを基準に下に向かって縦に9個刺します。これを目安として、左右対称になるように下絵に沿って肩、足、手、尾を刺します。

④指定のビーズを3列刺し、うどんを作ります。

実物大図案

❷とさか　トレジャー221（こげ茶）
❶目　パール204（黒）2mm
❸耳　トレジャー123（アイボリー）
❶鼻　特小49（黒）
❶顔　トレジャー351（水色）
❷顔輪郭 外側　トレジャー162（透明ベージュ）
❸輪郭　トレジャー278（茶）
❸体内側　トレジャー162（透明ベージュ）
❹うどん　特小121（白）

パンダ

作品掲載：P.22

●材料

23	新生児パンダ（第一形態） ○ビーズ／トレジャービーズ290（透明ピンク）、トレジャービーズ905（オレンジ）、丸小127（ピンク） ○糸／白
24	乳児パンダ（第二形態） ○ビーズ／トレジャービーズ176（グレー）、トレジャービーズ290（透明ピンク）、丸小151（ピンク）、パールビーズ202（グレー）2mm、パールビーズ202（グレー）3mm ○糸／白
25	子パンダ（第三形態） ○ビーズ／丸小49(黒)、一分竹ビーズ49(黒)、一分竹ビーズ121(白)、パールビーズ200（白）2mm、パールビーズ200（白）3mm、パールビーズ204（黒）2mm、パールビーズ204（黒）3mm ○糸／白
26	親パンダ（第四形態） ○ビーズ／丸大49(黒)、一分竹ビーズ49(黒)、一分竹ビーズ121(白)、パールビーズ200（白）2mm、パールビーズ200（白）3mm、パールビーズ204（黒）3mm、パールビーズ204（黒）2mm ○糸／白

●作り方

①パンダの輪郭から刺します。糸は1本取りで、下絵に沿って、指定のビーズを刺します。
②目、鼻の位置に気をつけながら、内側をそれぞれ指定のビーズで埋めます。25、26では内側を刺すときは2本取りで二重にして玉結びをし、糸留めをして刺し始めます。鼻を刺すときは、ビーズを縦に使って刺します。

実物大図案

❷目・耳・口
トレジャー 905（オレンジ）

❷内側
丸小 127（ピンク）

❶輪郭
トレジャー 290（透明ピンク）
トレジャー 905（オレンジ）

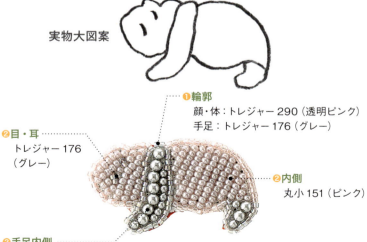

実物大図案

❶輪郭
顔・体：トレジャー 290（透明ピンク）
手足：トレジャー 176（グレー）

❷目・耳
トレジャー 176
（グレー）

❷内側
丸小 151（ピンク）

❷手足内側
パール　202（グレー）2mm、3mm

ハンティングしろくま

作品掲載：P.23

●材料

27 ○ビーズ/トレジャービーズ21（銀）、トレジャービーズ401（白）、丸大49（黒）、一分竹ビーズ21（銀）、一分竹ビーズ121（白）、パールビーズ200（白）2mm、パールビーズ200（白）2.5mm、パールビーズ200（白）3mm、パールビーズ200（白）4mm、パールビーズ204（黒）2mm、ウォッシャブルスパングル亀甲4mm18（クリアオーロラ）
○糸/白

●作り方

①しろくまの顔の輪郭から刺し始めます。糸は1本取りで下絵に沿って顔の頭頂部に山なりに3個、右耳部分に丸みをつけながら6個、右の輪郭を3個、左耳部分に丸みをつけながら6個、左の輪郭を4個刺し、糸の始末をします。
②顔の内側を刺します。糸を付け替え、2本取りで二重にして玉結びをし、糸留めをして始めます。まず目を刺し、さらにその左右に2.5mmのパールを2個ずつ刺します。スペースによっては2mmのパールを使い、目の列を基準として、顔の上下の列を指定のビーズで埋めていきます。鼻は指定のビーズを縦に使って刺します。ビーズを隙間なく刺すと顔が歪んでしまうので、ゆとりを持って刺しましょう。
③体の輪郭を下絵に沿って刺します。背中から後ろ足にかけては毛並みを表現するために少し斜めに刺し、足の付け根まできたら普通の刺し方に戻し、そのまま腹、手を下絵に沿って刺します。
④魚を刺します。魚の輪郭、目、背、尾びれを下絵に沿って刺し、うろこはスパングルのくぼみが下にくるように使い、魚を完成させます。
⑤くまの体の内側を埋めていきます。指定のビーズで背中から埋めていき、同じように手足を指定のビーズで埋めていきます。

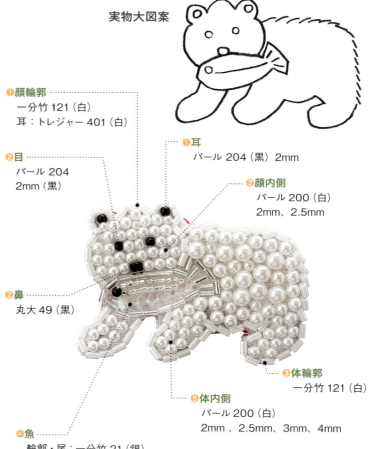

実物大図案

❶顔輪郭
一分竹 121（白）
耳：トレジャー 401（白）

❷目
パール 204
2mm（黒）

❷鼻
丸大 49（黒）

❶耳
パール 204（黒）2mm

❷顔内側
パール 200（白）
2mm、2.5mm

❸体輪郭
一分竹 121（白）

❺体内側
パール 200（白）
2mm、2.5mm、3mm、4mm

❹魚
輪郭・尾：一分竹 21（銀）
内側：トレジャー 21（銀）
うろこ：ウォッシャブルスパングル亀甲 4mm18（クリアオーロラ）
目：パール 204（黒）2mm

木彫り熊

作品掲載：P.23

●材料

28 ○ビーズ/トレジャービーズ221（こげ茶）、一分竹ビーズ9（透明グレー）、一分竹ビーズ221（こげ茶）、パールビーズ204（黒）2mm
○糸/グレー

●作り方

①熊の輪郭から刺し始めます。糸は1本取りで、下絵に沿って頭頂部から顔、首、背中、足、手の輪郭を刺します。
②顔を刺します。下絵に沿って目の列から刺し、目の上の列から耳の中までを指定のビーズを横に使って埋めていきます。目の下はビーズを縦、斜めに使い、鼻と口を作ります。基本は一分竹を使い、小さな隙間はトレジャーで埋めていきます。
③魚を刺します。始めに魚の輪郭を刺し、続いて内側を埋めます。
④熊の体の内側を埋めていきます。まず指定のビーズで背中から足元にかけて輪郭に沿って3列刺します。残りの隙間をビーズを横に使って刺します。続けて、前足と後ろ足をそれぞれ指定のビーズを斜めや横に使って刺します。

実物大図案

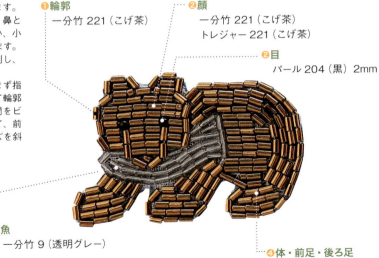

❶輪郭
　一分竹 221（こげ茶）

❷顔
　一分竹 221（こげ茶）
　トレジャー 221（こげ茶）

❷目
　パール 204（黒）2mm

❸魚
　一分竹 9（透明グレー）

❹体・前足・後ろ足
　一分竹 221（こげ茶）
　トレジャー 221（こげ茶）

クローバーハト

作品掲載：P.24

● **材料**

29　○ビーズ／トレジャービーズ7（緑）、トレジャービーズ27（緑）、トレジャービーズ401（白）、トレジャービーズ794（ピンク）、丸小127（ピンク）、一分竹ビーズ108（緑）、パールビーズ200（白）2mm、パールビーズ200（白）3mm、パールビーズ204（黒）2mm、ウォッシャブルスパングル亀甲4mm（オーロラホワイト）19、ウォッシャブルスパングル亀甲4mm（白）10
　　○糸／白

● **作り方**

① ハトの頭部から刺していきます。糸は1本取りで、下絵に沿って、上くちばし先端から側頭部まで輪郭を刺していきます。
② 途中で目を入れながら、輪郭に沿って2列めを丸みを出しながら刺します。3～5列めは横に刺します。
③ 下くちばしから喉、腹、尾を下絵に沿って輪郭を刺していきます。さらに足を指定のビーズで刺し、糸の始末をします。
④ 体の内側を刺します。糸を付け替え、2本取りで二重にして玉結びをし、糸留めをして始めます。喉元から尾にかけての内側を、輪郭に沿って1列めは2mmのパールビーズで、2～5列めは3mmのパールビーズで刺します。スペースが小さい場合はバランスを見て2mmのパールビーズで刺します。
⑤ 羽を刺します。顔の後ろを起点とし、上羽を指定のスパングルのくぼみが下にくるように使い、5列刺します。同様に指定のスパングルで下側の羽を7列刺し、糸の始末をします。
⑥ クローバーを刺します。糸を付け替え、1本取りで刺し始めます。下絵に沿って1辺がビーズ4個になるように4つの三角形を刺し、続いて中身と茎も刺していきます。

実物大図案

⑤ **下羽**
ウォッシャブルスパングル亀甲 4mm 10（白）

⑤ **上羽**
ウォッシャブルスパングル亀甲 4mm 19（オーロラホワイト）

① **頭**
トレジャー 401（白）

② **目**
パール 204（黒）2mm

① **くちばし**
トレジャー 794（ピンク）

⑥ **クローバー**
輪郭：トレジャー 7（緑）
内側：トレジャー 27（緑）
茎：一分竹 108（緑）

③ **体輪郭**
トレジャー 401（白）

④ **足**
丸小 127（ピンク）

④ **体**
パール 200（白）　2mm、3mm

ラッキーねこ

作品掲載：P.25

実物大図案

●材料

30　茶トラ
○ビーズ/トレジャービーズ7（緑）、トレジャービーズ34（こげ茶）、トレジャービーズ278（茶）、トレジャービーズ905（オレンジ）、丸小127（ピンク）、特小939（深緑）、一分竹ビーズ 49（黒）、一分竹ビーズ 108（緑）
○糸/ベージュ

31　はちわれ
○ビーズ/トレジャービーズ7（緑）、トレジャービーズ49（黒）、トレジャービーズ401（白）、トレジャービーズ905（オレンジ）、丸小127（ピンク）、特小939（深緑）、一分竹ビーズ 22（金）、一分竹ビーズ 49（黒）、一分竹ビーズ 108（緑）、一分竹ビーズ 121（白）、パールビーズ204（黒）2mm、パールビーズ204（黒）3mm、パールビーズ200（白）2mm
○糸/ベージュ

32　黒ねこ
○ビーズ/トレジャービーズ7（緑）、トレジャービーズ49（黒）、トレジャービーズ905（オレンジ）、丸小127（ピンク）、特小939（深緑）、一分竹ビーズ 22（金）、一分竹ビーズ 49（黒）、一分竹ビーズ 108（緑）、パールビーズ204（黒）2mm、パールビーズ204（黒）3mm
○糸/白

●作り方

① ねこの顔から作り始めます。糸は1本取りで、下絵に沿ってねこの顔の輪郭をぐるりと一周刺します。そのまま顔の内側を一周刺し、続けて目を刺します。目と目の間、鼻を刺し、残りの隙間を指定のビーズで埋めていきます。鼻と耳中は指定のビーズを縦に使って刺します。
② ねこの体を刺します。下絵に沿ってねこの体の輪郭を刺します。そのまま内側を指定のビーズで刺し、空白を埋めていきます。
③ クローバーを刺します。下絵に沿ってクローバーを1枚ずつ刺します。まず始めに輪郭を刺し、内側は指定のビーズで斜め向きに刺していきます。最後に下絵に沿って茎を刺します。
④ 30、32では、最後にねこのしっぽを刺します。下絵に沿ってしっぽの輪郭を刺し、そのまま内側を指定のビーズで埋めます。

❶耳中
トレジャー 905（オレンジ）

❶顔
トレジャー 278（茶）
トレジャー 34（こげ茶）

❶目
一分竹 49（黒）

❶鼻
丸小 127（ピンク）

❷体
トレジャー 278（茶）
トレジャー 34（こげ茶）

❸クローバー
外枠：特小 939（深緑）
中側：トレジャー7（緑）
茎：一分竹 108（緑）

実物大図案

実物大図案

❶顔内側
トレジャー 49（黒）
トレジャー 401（白）

❶目
一分竹 22（金）

❶鼻
丸小 127（ピンク）

❶輪郭
一分竹 49（黒）
一分竹 121（白）

❶耳中
トレジャー 905
（オレンジ）

❸クローバー
外枠：特小 939（深緑）
内側：トレジャー 7（緑）
茎：一分竹 108（緑）

❷体内側
パールビーズ 204（黒）2mm、3mm
パールビーズ 200（白）2mm

❶耳中
トレジャー 905
（オレンジ）

❶顔内側
トレジャー 49（黒）

❶輪郭
一分竹 49（黒）

❶目
一分竹 22（金）

❶鼻
丸小 127
（ピンク）

❸クローバー
輪郭：特小 939（深緑）
内側：トレジャー 7（緑）
茎：一分竹 108（緑）

❷体内側・しっぽ
パールビーズ 204（黒）
2mm、3mm

オオモンシロチョウ

作品掲載：P.26

●材料

33 ○ビーズ／特小49（黒）、丸小2115（グレー）、丸小49（黒）、特小 121（白）
○糸／白
○ワイヤー／#28（シルバー）7cm×2本

●作り方

①モンシロチョウの体から刺し始めます。糸は1本取りで、下絵に沿って体部分に指定のビーズを刺します。
②4枚の羽の輪郭を、指定のビーズで刺します。
③羽の内側を、指定のビーズで刺します。このとき、模様が左右対称になるように気をつけて刺しましょう。両羽の上の黒い部分は輪郭に沿って3列刺し、その下は指定のビーズで斜めに刺します。
④続けて目を刺します。体の一番上に指定のビーズを縦に2個刺して目を作ります。
⑤触覚を作ります。ワイヤーに指定のビーズ20個を通して作ります。
⑥ビーズをすべて刺し終わり、裏の処理をするときに触覚を取り付けます。ハードフェルトを付けた段階で、触覚のワイヤーが目の上から出るように接着剤で貼り付けます。このとき、ビーズ2〜3個程度を一緒に接着し、その上から革を貼り付けて固定します。

実物大図案

❺触覚
先端：丸小 49（黒）
触覚：特小 49（黒）
ワイヤー #28/14cm

❹目
丸小 49（黒）

❸羽内側
特小 49（黒）
特小 121（白）

❷輪郭
特小 49（黒）
特小 121（白）

❶体
丸小 2115（グレー）

オオムラサキ

作品掲載：P.27

● **材料**

34
- ○ビーズ／トレジャービーズ129（赤）、トレジャービーズ903（黄色）、丸小49（黒）、丸小2113（赤）、丸小2115（グレー）、特小28（青）、特小49（黒）、特小121（白）
- ○ワイヤー／#28（シルバー）7cm×2本
- ○糸／ベージュ

● **作り方**

① オオムラサキの体から刺し始めます。糸は1本取りで、下絵に沿って体部分に指定のビーズを横向きに刺します。
② 4枚の羽の輪郭を、指定のビーズで刺します。
③ 羽の内側を指定のビーズで刺します。このとき、模様が左右対称になるように気をつけて刺しましょう。
④ 続けて目を刺します。体の一番上に指定のビーズを縦に2個刺して目を作ります。
⑤ 触覚を作ります。ワイヤーに指定のビーズ20個を通して作ります。
⑥ ビーズをすべて刺し終わり、裏の処理をするときに触覚を取り付けます。ハードフェルトを付けた段階で、触覚のワイヤーが目の上から出るように接着剤で貼り付けます。このとき、ビーズ2～3個程度を一緒に接着し、その上から革を貼り付けて固定します。

実物大図案

❹ 目
丸小 2113（赤）

❺ 触覚
先端：丸小 49（黒）
触覚：特小 49（黒）
ワイヤー #28/14cm

❷ 輪郭
特小 49（黒）

❶ 体
丸小 2115（グレー）

❸ 羽内側
特小 28（青）
特小 121（白）
トレジャー 129（赤）
トレジャー 903（黄色）

ミニチョウチョ

作品掲載：P.28

●材料

35 ミニチョウチョ（白）
○ビーズ／トレジャービーズ777（白）、丸小49（黒）、丸小2115（グレー）、特小49（黒）、特小161（透明白）
糸／白

36 ミニチョウチョ（むらさき）
○ビーズ／トレジャービーズ786（紫）、丸小49（黒）、丸小2115（グレー）、特小477（透明むらさき）、特小941（茶）
糸／白

37 ミニチョウチョ（きいろ）
○ビーズ／トレジャービーズ12（黄）、丸小2115（グレー）、特小102（黄）、特小941（茶）
○糸／黄

●作り方

①ミニチョウチョの体から刺し始めます。糸は1本取りで、下絵に沿って体部分に指定のビーズを刺します。
②4枚の羽の輪郭を、指定のビーズで刺します。
③羽の内側を、指定のビーズで斜めに2個ずつ刺します。このとき、模様が左右対称になるように気をつけて刺しましょう。
④目を刺します。体の一番上に、指定のビーズを縦に2個刺して目を作ります。

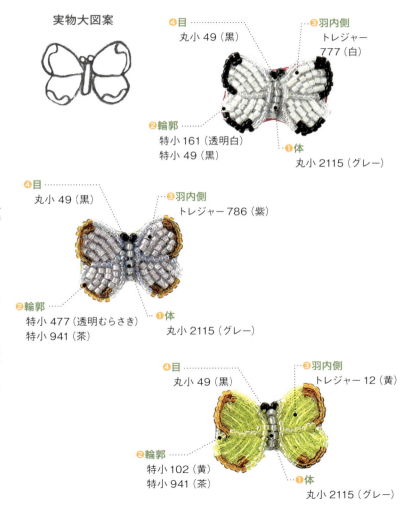

パンジー

作品掲載：P.29

●材料

38　パンジー（白）
○ビーズ/トレジャービーズ128（黄）、トレジャービーズ401（白）、丸小42B（黄）、丸小401（白）、aikoビーズ141（白）、特小121（白）
○糸/白

39　パンジー（ピンク）
○ビーズ/トレジャービーズ290（透明ピンク）、トレジャービーズ776（紫）、トレジャービーズ786（紫）、丸小42B（黄）、丸小127（ピンク）、丸小151（ピンク）、丸小2121（ピンク）、特小127（ピンク）
○糸/ピンク

40　パンジー（青）
○ビーズ/トレジャービーズ49（黒）、トレジャービーズ401（白）、トレジャービーズ932（青）、トレジャービーズ108BD（青）、特小161（透明）、丸小42B（黄）、丸小2102（水色）
○糸/青

●作り方

①糸は1本取りで、花芯から刺します。下絵に沿って中心に指定のビーズを3個刺します。
②輪郭を刺します。中心から下の花びら3枚の輪郭を下絵に沿って刺し、残りの花びら2枚の輪郭も同様に刺します。
③内側を刺します。中心から外に向かって、指定のビーズを2～3個ずつ刺し、ランダムな色になるように色を変えながら刺していきます。

実物大図案

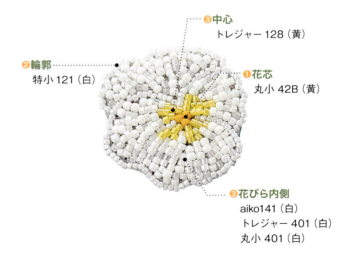

❸中心
トレジャー128（黄）

❷輪郭
特小121（白）

❶花芯
丸小42B（黄）

❸花びら内側
aiko141（白）
トレジャー401（白）
丸小401（白）

実物大図案 実物大図案

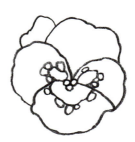

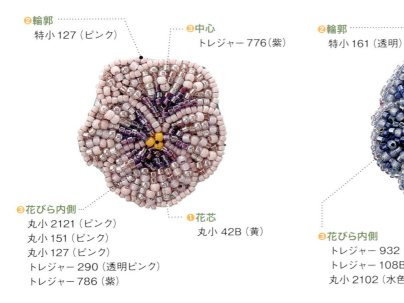

❷輪郭
特小 127（ピンク）

❸中心
トレジャー 776（紫）

❸花びら内側
丸小 2121（ピンク）
丸小 151（ピンク）
丸小 127（ピンク）
トレジャー 290（透明ピンク）
トレジャー 786（紫）

❶花芯
丸小 42B（黄）

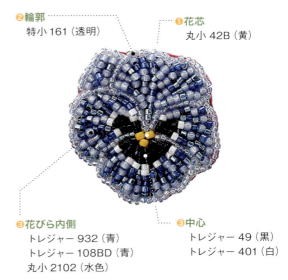

❷輪郭
特小 161（透明）

❶花芯
丸小 42B（黄）

❸花びら内側
トレジャー 932（青）
トレジャー 108BD（青）
丸小 2102（水色）

❸中心
トレジャー 49（黒）
トレジャー 401（白）

モップ犬

作品掲載：P.30

●材料

41 ○ビーズ／トレジャービーズ27BD（青）、
トレジャービーズ129（赤）、トレジャービーズ401（白）、丸小49（黒）、丸小141（白）、丸小401（白）、aiko141（白）、パールビーズ204 2mm（黒）
○糸／白

●作り方

①モップ犬の顔から刺し始めます。糸は1本取りで、下絵に沿って、指定のビーズを左目を縦に1個、間に指定のビーズを横に2個、右目を縦に1個刺します。
②目の下の列に指定のビーズを4個、さらに下の列は、目と目の間となる位置に鼻になるビーズを縦に刺してから、両脇に1個ずつ刺します。同様に口部分に指定のビーズを縦に刺します。
③目の上の列に指定のビーズを4個、さらに上の列は、中心に指定のビーズを縦に刺し、続けてリボンを刺します。
④顔まわりとリボンの上の毛部分を刺します。
⑤背中からおしりにかけて、下絵に沿って刺します。おしりに沿って6列刺したら、ビーズを縦に刺して残りの空白を埋めます。毛の部分は列ごとにビーズの種類を変えます。

実物大図案

❶目
丸小 49（黒）

❸リボン
トレジャー 27BD（青）

❹顔まわり
トレジャー 401（白）
aiko141（白）
丸小 401（白）
丸小 141（白）

❶顔内側
トレジャー 401（白）

❷鼻
パール 204 2mm（黒）

❷口
トレジャー 129（赤）

❺体
トレジャー 401（白）
aiko141（白）
丸小 401（白）
丸小 141（白）

ハリネズミ

作品掲載：P.31

● 材料

42 　○ビーズ／トレジャービーズ123（アイボリー）、トレジャービーズ278（薄茶）、トレジャービーズ794（ベージュ）、丸大49（黒）、一分竹ビーズ121（白）一分竹ビーズ221（こげ茶）、パールビーズ2mm 204（黒）
　○糸／白

● 作り方

①ハリネズミの顔から刺します。糸は1本取りで、下絵に沿って鼻を刺し、顔の一番上の列から指定のビーズをおしりへ向かって横に刺していきます。3列めはおしりまで、4列めは体の半分、5列めは口元4個、体4個刺します。
②手足を刺します。下絵に沿って手足を丸みをつけながら刺します。すべて刺し終えたら、糸の処理をします。
③背中を刺します。糸を2本取りにし、二重にして玉結びをしてから刺し始めます。針に見えるように、下絵に沿って指定のビーズを交互に斜めに使っておしり方面まで刺します。2列め以降も色のバランスを見ながら縦や斜めにビーズを刺して空白を埋めます。

実物大図案

❶目
パール 2mm 204（黒）

❸背中
一分竹 221（こげ茶）
一分竹 121（白）

❶鼻
丸大 49（黒）

❶顔・体
トレジャー 123（アイボリー）

❶口周り
トレジャー 278（薄茶）

❷手足
トレジャー 794（ベージュ）

85

ヤマアラシ

作品掲載：P.31

●材料

43　○ビーズ/トレジャービーズ49（黒）、トレジャービーズ794（ベージュ）、丸大49（黒）、一分竹ビーズ49（黒）、一分竹ビーズ121（白）、二分竹ビーズ49（黒）、三分竹ビーズ49（黒）、パールビーズ2mm 204（黒）
○糸/黒

●作り方

① ヤマアラシの顔から刺します。糸は1本取りで、下絵に沿って鼻を刺し、続けて、顔、耳、足の輪郭を刺していきます。
② 下絵に沿って目を刺し、空いたスペースはビーズを縦に使って体、手、足を完成させます。
③ 背中を刺します。針に見えるように下絵に沿って指定のビーズを顔側から交互に斜めにおしり方面まで刺します。2列め以降も色のバランスを見ながら縦や斜めにビーズを刺して空白を埋めます。

実物大図案

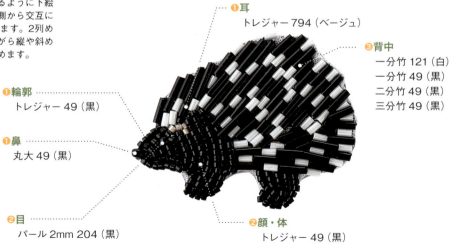

❶耳
トレジャー 794（ベージュ）

❸背中
一分竹 121（白）
一分竹 49（黒）
二分竹 49（黒）
三分竹 49（黒）

❶輪郭
トレジャー 49（黒）

❶鼻
丸大 49（黒）

❷目
パール 2mm 204（黒）

❷顔・体
トレジャー 49（黒）

ブロッコリー

作品掲載：P.32

●材料

44　○ビーズ/トレジャービーズ37（緑）、トレジャービーズ130（緑）、トレジャービーズ796（緑）、一分竹108（緑）、丸小27（緑）、丸小407（深緑）、丸小939（緑）、丸小940（深緑）、特小404（黄緑）
○糸/白

●作り方

① ブロッコリーの茎から刺し始めます。糸は1本取りで下絵に沿って指定のビーズで茎の部分を8列刺します。
② ブロッコリーの葉を左下、右下、左上、中上、右上、中心の6ブロックに分け、下絵を参考に左下から始めます。始めに輪郭をビーズの色を少しずつ変えながら刺し、続けて内側も埋めていきます。同様に他のブロックも刺していきます。

実物大図案

❷中上
丸小 940（深緑）
丸小 939（緑）
丸小 407（深緑）
丸小 27（緑）
トレジャー 130（緑）
トレジャー 37（緑）

❷右上
丸小 939（緑）
丸小 27（緑）
丸小 940（深緑）
トレジャー 796（緑）
トレジャー 130（緑）
トレジャー 37（緑）
丸小 407（深緑）

❷左上
丸小 939（緑）
トレジャー 796（緑）
丸小 27（緑）
トレジャー 130（緑）

❷中心
丸小 407（緑）
トレジャー 796（緑）
丸小 27（緑）
トレジャー 37（緑）

❷左下
丸小 407（深緑）
丸小 940（深緑）

❶茎
一分竹 108（緑）

❷右下
特小 404（黄緑）
丸小 940（深緑）
丸小 407（深緑）
トレジャー 37（緑）
トレジャー 796（緑）

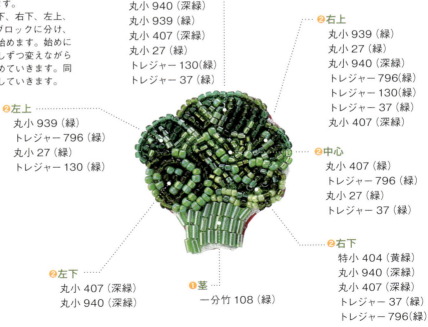

白菜

作品掲載：P.32

●材料

45
- ○ビーズ／トレジャービーズ47（緑）、トレジャービーズ130（緑）、aiko141（白）、特小404（黄緑）、パールビーズ200（白）2mm 、パールビーズ200（白）3mm
- ○糸／白

●作り方

① 白菜の輪郭から刺し始めます。糸は1本取りで、右上のブロックを起点とし、白菜全体の輪郭を指定のビーズでぐるりと刺します。

② 白菜の内側を刺していきます。葉を大まかにブロック分けし、上ブロックの葉は斜めに、下ブロックの葉は縦に刺し、隙間や中央、左側にパールビーズを使用し、立体感を出します。

実物大図案

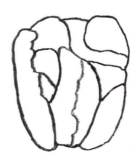

❷葉内側
aiko141（白）
特小 404（黄緑）
トレジャー 47（緑）
トレジャー 130（緑）

❶輪郭
aiko141（白）
特小 404（黄緑）
トレジャー 47（緑）
トレジャー 130（緑）

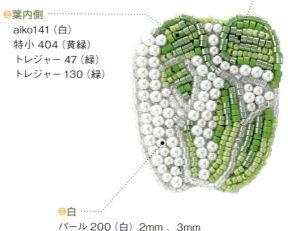

❷白
パール 200（白） 2mm 、3mm

赤タマネギ

作品掲載：P.32

●材料

46
- ○ビーズ／トレジャービーズ770（黄）、トレジャービーズ790（紫）、aiko141（半透明白）、特小122（白）、
- ○刺繍糸／ベージュ
- ○糸／白

●作り方

①赤タマネギの輪郭から刺し始めます。糸は1本取りで、下絵に沿って、上からタマネギの輪郭を指定のビーズで刺していきます。

②輪郭に沿って、内側を指定のビーズで刺します。根元の部分では、指定のビーズを縦に刺して埋めていきます。

③ビーズをすべて刺し終わり、裏の処理をするときに根となる刺繍糸を縫い付けます。ハードフェルトを付けた段階で、根となる刺繍糸を6本取りにし、底辺の部分に刺繍糸をハードフェルトに直接縫い付けます。その上から革を貼り付けて固定します。

実物大図案

❶輪郭
トレジャー790（紫）

❷ムラサキ部分
トレジャー790（紫）

❷内側
aiko141（半透明白）

❷中心
特小122（白）
aiko141（半透明白）

❷根元
トレジャー770（黄）

❸根
刺繍糸（ベージュ）

89

赤唐辛子

作品掲載：P.34

●材料

47 ｜ ○ビーズ/トレジャービーズ45（赤）、トレジャービーズ45F（赤）、トレジャービーズ47（緑）、トレジャービーズ241（赤）、トレジャービーズ798（赤）
○糸/赤

●作り方

①赤唐辛子の茎から刺し始めます。糸は1本取りで、下絵に沿って赤唐辛子の茎の部分を、指定のビーズで刺します。
②赤唐辛子の実を刺します。まず下絵に沿って輪郭を刺します。
③続けて、内側を刺します。3種のビーズを混ぜ、右から一列ずつ、途中で光沢になるビーズを入れながら、指定のビーズで刺します。

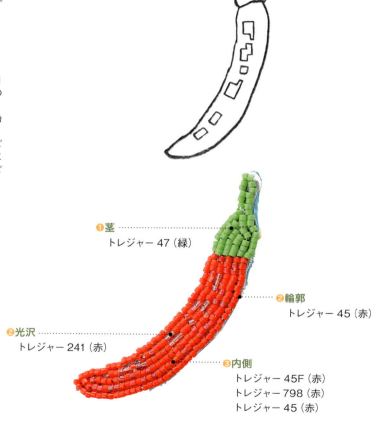

実物大図案

❶茎
トレジャー 47（緑）

❷輪郭
トレジャー 45（赤）

❷光沢
トレジャー 241（赤）

❸内側
トレジャー 45F（赤）
トレジャー 798（赤）
トレジャー 45（赤）

無花果

作品掲載：P.34

● 材料

48　○ビーズ／トレジャービーズ290（透明ピンク）、トレジャービーズ786（透明むらさき）、トレジャービーズ794（ピンク）、丸小51（アイボリー）、丸小127（ピンク）、特小356（紫）、特小404（黄緑）、パールビーズ201（アイボリー）3mm
　　○糸／白

● 作り方

① 無花果の輪郭から刺します。糸は1本取りで、下絵に沿って指定のビーズで上からぐるりと一周刺します。
② 実を刺します。まず輪郭に沿うように指定のビーズで1周刺します。さらに半分より上部分では指定のビーズを半周刺し、糸の始末をします。
③ 種を刺します。まず糸を付け替え、2本取りで二重にして玉結びをしてから刺し始めます。指定のビーズを斜め、横、縦と角度をつけて一個ずつ刺して空白に埋めていきます。このとき、隣り合うビーズが同じ種類、角度にならないようにランダムに刺します。

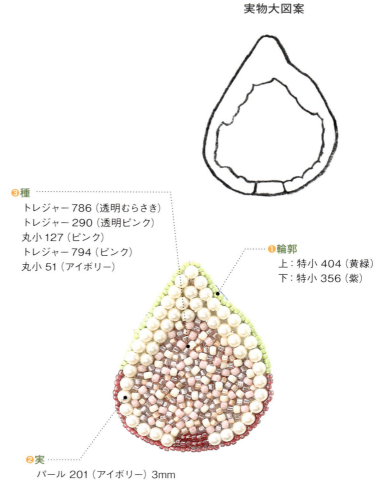

実物大図案

❸ 種
トレジャー786（透明むらさき）
トレジャー290（透明ピンク）
丸小127（ピンク）
トレジャー794（ピンク）
丸小51（アイボリー）

❶ 輪郭
上：特小404（黄緑）
下：特小356（紫）

❷ 実
パール201（アイボリー）3mm

ゴーヤ

作品掲載：P.34

●材料

49 ○ビーズ/トレジャービーズ37（緑）、トレジャービーズ777（白）、一分竹ビーズ108（透明緑）
○糸/白

●作り方

①ゴーヤの外側の凹凸から刺し始めます。糸は2本取りで、下絵に沿って、外側の凹凸部分を指定のビーズで刺していきます。これを2列繰り返します。
②内側を刺します。指定のビーズで縦に1個ずつ、下絵に沿って実を刺していきます。
③続けて、指定のビーズで下絵に沿って内側のわたの部分を2列刺します。

実物大図案

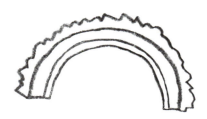

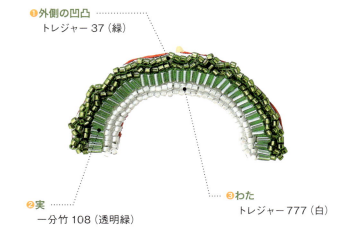

❶外側の凹凸
トレジャー37（緑）

❷実
一分竹108（透明緑）

❸わた
トレジャー777（白）

かぼちゃ断面図

作品掲載：P.35

●材料

50
○ビーズ/トレジャービーズ37（緑）、aikoビーズ42B（黄）、トレジャービーズ123（アイボリー）、トレジャービーズ789（オレンジ）
○糸/ベージュ

●作り方

①かぼちゃの輪郭から刺します。糸は1本取りで、下絵に沿ってかぼちゃの皮を指定のビーズで刺します。続けて、上の茎も同様に3列刺します。

②輪郭に沿って、かぼちゃの中身を指定のビーズで2列刺します。さらに3列めでは、中央の下部分で内側に入るように刺します。4列め上の中心の部分を少し刺し、下半分4列を横に刺します。

③種を刺します。糸を付け替え、2本取りで二重にして玉結びをしてから刺し始めます。指定のビーズを2〜3個ずつ、斜め、横、縦と角度をつけて空白を埋めるように刺します。このとき、隣合うビーズが同じ種類、角度にならないようにランダムに刺します。

実物大図案

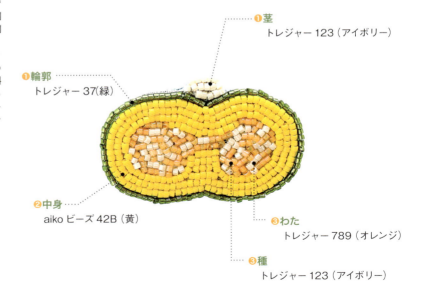

❶茎　トレジャー123（アイボリー）

❶輪郭　トレジャー37(緑)

❷中身　aikoビーズ42B（黄）

❸わた　トレジャー789（オレンジ）

❸種　トレジャー123（アイボリー）

輪切りオクラ

作品掲載：P.35

51
- ●材料
  - ○ビーズ/トレジャービーズ37（緑）、トレジャービーズ401（白）、aikoビーズ457（透明緑）、パールビーズ200（白）4mm
  - ○糸/白

- ●作り方
  ① 糸は1本取りで、オクラの中心から刺します。中心を指定のビーズで角度を変えて3個刺します。
  ② タネを刺します。中心のビーズに沿って指定のビーズを5個刺します。
  ③ 内側を刺します。中央のビーズに沿って、指定のビーズで1辺が5個の五角形になるように刺します。
  ④ 一番外側の輪郭を、内側のビーズに沿って1辺が6個の五角形になるように刺します。

実物大図案

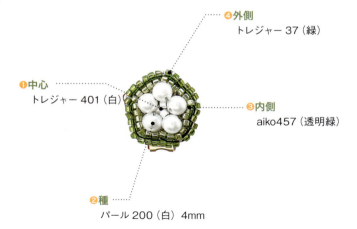

❶中心　トレジャー 401（白）
❷種　パール 200（白）4mm
❸内側　aiko457（透明緑）
❹外側　トレジャー 37（緑）

ざくろ

作品掲載：P.35

● 材料

52 ○ビーズ/トレジャービーズ109（赤）、トレジャービーズ114（茶）、トレジャービーズ777（白）、丸小109（赤）、丸小241（赤）、丸小2113（赤）
○糸/白

● 作り方

① ざくろの輪郭から刺し始めます。糸は1本取りで、下絵に沿って輪郭を刺します。
② 内側を刺します。指定のビーズで、下絵に沿って内側の実の部分、上部の花弁を刺します。
③ 種を刺します。糸を付け替え、2本取りで二重にして玉結びをし、糸留めをして始めます。指定のビーズを斜め、横、縦と角度をつけて空白に埋めていきます。このとき、隣合うビーズが同じ種類、角度にならないようにランダムに刺します。

実物大図案

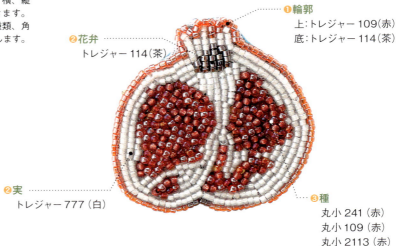

❶ 輪郭
上：トレジャー109（赤）
底：トレジャー114（茶）

❷ 花弁
トレジャー114（茶）

❷ 実
トレジャー777（白）

❸ 種
丸小241（赤）
丸小109（赤）
丸小2113（赤）

撮　影　シロクマフォート
デザイン　早水 香
編　集　河谷未来
　　　　（株式会社 スタンダードスタジオ）

この本に関するお問い合わせ
TEL:03-5825-2285（株式会社 スタンダードスタジオ）

印刷物のため、作品の色は実際と違って見えることがあります。ご了承く
ださい。本書の一部または全部をホームページに掲載したり、本書に掲載
された作品を複製して店頭やネットショップなどで無断で販売することは
著作権法で禁じられています。

○材料提供

トーホー株式会社
http://www.toho-beads.co.jp/
〒733-0003 広島市西区三篠町2-19-6
TEL:082-273-5151（代）

ビーズ刺繍で作る 動物と植物のモチーフ帖

2018年12月1日　第1刷発行

著　者　吉丸 睦
発行者　中村 誠
印刷所　図書印刷株式会社
製本所　図書印刷株式会社
発行所　株式会社 日本文芸社
　　　　〒101-8407　東京都千代田区神田神保町1-7
　　　　TEL 03-3294-8931（営業）
　　　　　　　03-3294-8920（編集）

Printed in Japan　112181115-112181115Ⓝ01（200007）
ISBN978-4-537-21639-4
URL https://www.nihonbungeisha.co.jp/
©Mutsumi Yoshimaru 2018
（編集担当 牧野）

乱丁・落丁本などの不良品がありあましたら、小社製作部宛にお送りください。送
料小社負担にておとりかえいたします。法律で認められた場合を除いて、本書か
らの複写・転載（電子化を含む）は禁じられています。また、代行業者等の第三者
による電子データ化及び電子書籍化は、いかなる場合も認められていません。